令和の新法律に対応

完全保存版

プロが教える相続でモメないための本

江幡吉昭　相続終活専門協会代表理事

JN241564

アスコム

相続争いは他人事と思っていませんか?

「遺産が少ない」

「家族はみんな仲がいい」

「信頼している税理士がいる」

そんなあなたこそが、
実は相続争いの当事者になりやすいタイプです。

相続争いを回避するためにもっとも重要なのは
事前の準備です。

ところが、

「ウチには相続争いなんて関係ないよ」

「相談できる人もいるし」

そう思って何も対策せず、
結果として骨肉の争いになってしまった……

そんな人々を、私は数多く知っています。

相続争いは年々、増えています。
家庭裁判所の統計によると、
ここ7年で23％も増加しています。
こうした相続争いを、最近では
「争族」《あらそうぞく（そうぞく）》と呼び、
テレビのワイドショーや週刊誌でも
たびたび取り上げられるようになってきました。
しかし、なぜ、「争族」が増えているのでしょうか。

理由はいくつかあります。

高齢化が進み、当事者の数が増えたこと。
長子相続の習慣がくずれ、
兄弟が平等に権利を主張するようになったこと。
意外なところでは、未成年などの
働いていない子や孫が権利を主張することで
「争族」になりやすい傾向があります。

私はこれまで、4000件を超える
相続案件に関わってきた中で、
「争族」によって人生がめちゃくちゃになった人々を
嫌というほど見てきました。
そんな人をひとりでも減らしたい――。
その思いでこの本を書きました。
私の今までの経験をもとに
「争族」を避ける方法を数多く編み出し、
この本に掲載しています。

相続争いを防ぐには、
多岐にわたる知識が必要です。

相続の際に、知り合いの税理士に頼む人は多いと思います。専門家だから大丈夫。そう思うのでしょうが、それが落とし穴です。相続は、税の知識だけでなく、法律の知識も重要です。そうした知見をトータルで駆使できる

本当の意味での「相続のプロ」は
極めて少ないのが実情です。

この本には、
「相続のプロ」として活動してきた私が
持っている知見を整理して、
分かりやすくお伝えするように心がけました。
本書では第1部で、実際に起きてしまった
さまざまな「争族」のエピソードをご紹介しています。

「争族」は他人事ではないこと、
ご自身の家族に起きる可能性のあることが
分かってもらえるでしょう。

第2部では「相続の基本」を解説するとともに、
「争族」を防ぐための
究極の方法でもある「遺言」について
詳しく解説しています。

最近、40年ぶりに法改正が行われ
相続制度が大きく変更されました。

その対応策も書かれています。
相続の基本の「き」から、争族をなくす方法まで
幅広く網羅しました。

この一冊をきっかけに、
この世から「争族」という言葉が
なくなる日が少しでも
近づくことを願っています。

（※）なお、法律に関する助言等は提携弁護士法人が行っており、著者は法律に関するアドバイス等は行っていないことをお含みおきください。

第1部

こんな人は気をつけろ！
相続争いの7大「あるある」事例紹介

「争族」は決して特別なことではなく、私たちの身近にありがちなのです。
あるいは、あなた自身が該当者かもしれません。
そんな、相続の「あるある」に関する7つのエピソードをご紹介するとともに
「争族」にならないためのノウハウも併せて掲載します。

あるある1　遺産が1000万円以下

仲がよかったはずの兄妹がモメた⁉なぜ母は3人の娘に何も残せなかったのか？

相続で家族がもめるなんて大金持ちだけの話だと思っていませんか。実際には、むしろ遺産が少ないからこそ「争族」が起きてしまうのです。ここで紹介する家族は、株や現金を合わせて約500万円しか遺産がありませんでした。それでも「争族」になった理由とは？

登場人物（年齢は相続発生時、被相続人とは亡くなった人）

被相続人　母：昌代さん（88歳、埼玉県在住）
相続人　長男：良一さん（62歳、投資家）
長女：裕子さん（61歳、専業主婦）
次女：由紀子さん（59歳、専業主婦）
三女：由美さん（55歳、専業主婦）

遺産

現金500万円（※母は長男と同居のため、自宅は無し）

もめごとなく収まった父親の遺産相続

「ごめんね。父さん、遺言を残していなかったの」

母の昌代は、父の死後、長男と3人の姉妹がそろった席で遺産分割について重い口を開いた。

自宅敷地内の二世帯住宅に暮らす長男の良一は、母親をねぎらいながら3人の姉妹に話しかけた。

「お母さんが謝ることじゃないんだから気にしないでよ」

「そうよ。お父さんが亡くなって一番つらいのはお母さんなんだから、そんな顔をしないで」

長女の裕子も母を慰める。

つかの間、場は重い空気につつまれた。

末っ子で小さい頃から自由に育てられた三女の由美は、みんなの顔色をうかがいつつ、誰かが話を切り出すのを待っている。

沈黙を破ったのは、4人の中で最もマイペースであまり空気を読まない次女の由紀子だった。

「要するに、どうやって遺産を分けるのかって話でしょ。遺言がないのに、みんなが文句ないように分けるには、どうすればいいのか決めればいいんでしょ」

「それはそうだけど、こういうのは初めてだからどうしていいかわからないの、ねぇ良一」

母が長男に目配せする。

「実は家族会議する前に母さんと話し合ったので、その内容を説明したいんだけどいいかな」

良一はそう言うとメモ帳を開き、全員に向かって説明を始めた。

彼が説明した遺産分割の主旨は、残された父の遺産とその評価額を提示したうえで、自宅は長男が受け継ぎ、現金は3姉妹が1人当たり約1000万円ずつ分け、その他の不動産や株等の財産は母親が相続する――というものだった。

話を聞き終えて、由紀子は口を開いた。

「いいんじゃない。私たちはこの家に住む気ないし、お兄ちゃんが継いでお母さんと住めばいいと思う」

彼女としては1000万円をもらえるなら悪くない。

「私も自分の家があるから、家とか土地はお母さんとお兄ちゃんでいいと思う」

三女の由美も、全員の顔色をうかがいながら小声で言った。

「私も同じ。子どもにお金かかるし、現金でもらえるほうが助かる。でも、兄さんのところはお金なくてもいいの?」

裕子は遺産分割の方法に賛同しつつ、良一に気を遣った。

「うちは二世帯住宅を建てたときに生前贈与で援助してもらったから、それでチャラかな」

予想以上に全員がスムーズに納得してくれて、良一はご機嫌だった。

こうして父親の遺産分割協議は、まったくもめることなく完了した――。

父のときはうまくいったのになぜ今回はこんなことに……

私の事務所を訪れた良一さんは、ここまで一気に話し終わると、ようやくひと息つきました。

「父さんのときはこんなにスムーズだったのに、今回はどうしてこんなことに……」

宙を見つめる良一さんの目がそう語っているように、私には思えた。

彼のお父さまは公務員一種のキャリア官僚としてそれなりに出世し、定年退職後も民間企業で役員を務め、相応の資産を築かれました。もちろん、その立派なキャリアに見合う資産もお持ちでした。大手都銀や有名メーカーの株式を保有し、埼玉県内でワンルーム10室を備えたアパートを経営するなど、比較的堅実な投資も行い、子どもたちのために財産を守ってきたのです。

「ご家族の仲が良かったこと。3人の姉妹がみなさん嫁いでいて、それぞれご自宅を持っていたこと。そして何より、お父さまの遺産がそれなりに大きな額だったこと――。これらの条件がそろっていたからこそ、当時はスムーズな分割協議ができたのでしょうね」

私は、良一さんに語りかけた。

しかし他方で、この家族が一次相続（両親のうちお父さまが最初に亡くなり、配偶者とお子さまが相続人になること）でもめなかっ

た最大の理由は、約1000万円という「ハンコ代」の存在だったことを、私はこの時点で理解していました。

ここで、過去にこのご家族が経験した一次相続の要点をまとめておきます。

不動産をはじめとするお父さまの遺産は、お母さまと長男の良一さんがほぼすべて取得しました。ほかの3姉妹には、代償分割としてそれぞれ約1000万円ずつ「ハンコ代」が支払われました。代償分割とは、相続人の1人、または数人が財産を取得する代わりに、他の相続人に金銭を支払う遺産分割方法のことです。金銭を受け取る代わりに「遺産分割協議書」にハンコを押すことから、このお金は通称「ハンコ代」と呼ばれています。

一般的には、「ハンコ代は相続財産全体の評価額や相続人の人数に左右される」と考えるのが普通でしょう。しかし、実態は必ずしも理屈どおりにいきません。それこそご家族の事情に応じて、ケース・バイ・ケースなのです。

極端な話、「その場で数万円もらう代わりにハンコをついて終わり」ということもあれば、億を超える金額になることもあるでしょう。

良一さんのご家族のケースでは、自宅やアパート、株などをすべてお母さまと良一さんが取得しました。3姉妹はその代償として、約1000万円という金額に納得し、ハンコを押したのです。

「――あれから12年。母が亡くなった際の相続は、父のときと同じようにはいきませんでした……」

良一さんは、今回の二次相続の様子を話し

始めました。

「ハンコ代」を期待する姉妹が長男と決裂

――３姉妹を自宅に集めた良一は、おもむろに遺産分割について話しはじめた。

「これが母さんの遺《のこ》してくれた遺言だ。父さんは遺言を遺してくれなくて、大変な思いをしたから、自分のときはそうならないようにって、きちんと遺言を遺してくれたんだ」

良一は、３姉妹が見守るテーブルの上に遺言の入った封筒を置いた。

封筒から出した遺言の表紙には「遺言公正証書」という文字が書かれ「正本」と赤字でハンコが押されていた。そして、公証役場の住所と公証人の名前が記されていた。

良一は慎重に遺言を開く。

するとそこには、「財産の一切を長男の良一に相続させる」といった内容が、母の意思で記されていた。

「父さんのときと同じってことだね」

次女の由紀子がつぶやく。

「まあ、そういうことになるかな。母さんがこういう遺言を遺した以上、それに従うということで異論ないよね？」

と良一が念を押す。３姉妹は曖昧《あいまい》に頷《うなず》き、彼の次の言葉を待った。

「じゃあ、後の手続きは俺がやっておくから」

良一はそう言い放ち、これで話は終わったとばかりに立ち上がった。

３姉妹は顔を見合わせて少し慌てた。

「あのさ、今回はいくらもらえるのかな？」

由紀子が切り出した。

「いくらって？」

と良一。

「ほら、父さんのときも財産は全部母さんと兄さんが受け継いだけど、その分私たちにはお金を分けてくれたじゃない」

良一は怪訝《けげん》そうな表情で答える。

「あのときはそうだったけど、今回お母さんは財産なんて遺してないんだよ。父さんの財産は、お母さんがこの十数年で使っちゃったから、もう何も遺ってないの。だから、分けたくても分けるお金がないんだ」

兄の思わぬ言葉に、裕子は目を見開いた。

「ちょっと待って。それは話が違うよ。兄さんは全部財産を受け継ぐんでしょ、なんで私たちには何もないわけ？ それに見合うお金を払ってくれるのは、当然でしょ」

「だって、母さんの遺言にそう書いてあるじゃない。父さんのときは遺言がなかったから、俺と母さんでみんなにも遺産を分けた方がいいって決めたんだ。それでみんなも納得してくれた。だけど今回はそもそも遺産がないから、分けるもへったくれもないし」

良一はそう言い放つと、背を向けて部屋を出ようとした。

長女の裕子は思わず大声を上げる。

「それはおかしいよ！」

そして3姉妹はいっせいに良一へと詰め寄り、話は平行線のまま、夜通し言い争いが続いた――。

財産は消えても遺恨は消えず

良一さんとお母さまは、お父さまの財産を継いだ後、いつの間にかそのほとんどを失っていたのです。

早い時期に株の信用取引で失敗し、保有していた全ての株を手放すはめになってしまいました。

ひとつがダメになると、転がり落ちるのは速いものです。

良一さんとお母さまは、手元の現金がなくなったことでアパートの修繕・維持費が支払えなくなり、当然の帰結として入居率が一気に低下。アパート経営もわずか数年で赤字を垂れ流す状態になってしまいました。

入居者を集めるために家賃を下げたところ、さらに収益が悪化。結局、このアパートも手放すはめになっていたのです。

お父さまの現金は、3姉妹に「ハンコ代」として渡してしまったので、良一さんの手元にはもともと預金なんてほとんどありません。

にもかかわらず、良一さんは仕事をリタイア後も、現役時代と同じ生活レベルを維持しようとして、遺産をすっかり使い果たしていたのでした。

お母さまが亡くなった時点で、もはや「ハンコ代」を払えるだけのお金など残っていなかったのです。

3姉妹は、お父さまが亡くなったときに

1000万円もの「ハンコ代」をもらっていましたから、お母さまが亡くなったときも当然、同じくらいの「ハンコ代」はもらえるだろうと期待していました。

ところがその期待が裏切られたため、大いに腹を立てたのです。

徹夜で口論した後も、3姉妹の怒りは収まりません。彼女らは結託して良一さんに代償分割を求めました。

しかし、そもそも遺産なんて残っていないので、「代償」もへったくれもありません。良一さんとしても、無い袖は振れないのです。

彼も結局、お母さまの「公正証書遺言」を水戸黄門の印籠《いんろう》のように振りかざし、「遺言に従うしかないだろ」の一点張り。

疲弊した良一さんが私の事務所を訪れたのは、この頃でした。

良一さんは心労のためすっかりやつれ、「とにかく早く解決したい」と何度も私に懇願してきたのです。

いったい何が問題だったのか

本来、遺言があれば、遺産分割協議書を相続人の間でまとめる必要がありません。法的効力のある遺言に従うしかないからです。そういう意味では、「ハンコを押す必要さえないので、ハンコ代も何もない」というのが良一さんの理屈ですが、「争族」は理屈で解決できないから問題なのです。

また、このケースにおける**最大の問題は、「お母さまの遺言が3姉妹の遺留分を侵害するものだった」**という点につきるでしょう。

３姉妹の不満は、法的に正当といえるのです。

とは言え、今回お母さまが残した遺産は、現金をありったけ集めても約５００万円。にもかかわらず、３姉妹全員が再び１０００万円ずつのハンコ代を期待していた点は無理筋でした。

３姉妹のうち長女は夫を亡くしており暮らし向きが厳しくなっていました。彼女は特に「２度目のハンコ代」をあてにしていたので、「争族」をこじらせる大きな要因になりました。

つまり、**登場人物全員が何らかの勝手な期待を抱いていた結果、皆が「こんなはずではなかった」という感情に至ってしまった**ことが「争族」につながったのです。

最終的に、良一さんの手元に残っていたわずかなお金を３人の妹たちに支払うことで、なんとか問題を収めることができました。

しかし、兄妹の間には消えることのない深い遺恨ができてしまったのです。

お母さまも、「遺言を遺す」という判断は正しかったのですが、遺留分に関する知識が無かったために、結局はトラブルの種を自らまいた形になってしまいました。

つまりこの「争族」は、本来なら避けられたはずだったと、私は考えます。

遺産が少なくても「争族」は起きてしまう

良一さんのご家族は、お父さまが亡くなった際の一次相続では、円満に解決したのに、お母さまの二次相続では泥沼の「争族」に発展してしまいました。

ここから、重要な事実がわかります。

つまり、**相続人となるお子さまたちの仲が良くても、お金に困っていなかったとしても、相続するべき財産がほとんどなくても、「争族」は起きる**――ということです。

亡くなったお母さまの昌代さんは、生前に遺産相続について銀行に相談し、銀行で公正証書遺言を作ったのでした。遺言の内容が全財産を長男に相続させるものだと知った銀行は、明らかに「争族」になる可能性が高いとわかっていましたが、適当にアドバイスしただけでそのまま逃げてしまったのでしょう。

くどいようですが、遺産が少なくても「争族」は起こります。この事例に関して言えば、「3姉妹に渡すお金すらなくなっていた」という点が、エピソードの「争族」性をより強めています。ある意味、お金がないからこそもめてしまったともいえるのです。

遺されたお子さまを「争族」に巻き込まないようにするには、どうしたらよいのかと、よく相談を受けますが、私のお答えはいつも同じです。

それは**良い遺言を書くこと**。

この一点に尽きます。

実際に遺言が執行される場面で、子どもたちや親族たちがどのようなことを主張するか、具体的にイメージする必要があります。

場合によってはその解決に必要なお金も遺産としてとっておくべきでしょう。

どうしても誰かが不満を言うことが予想される場合には、「なぜこんな分割方法にしたのか」という、あなたの思いを、遺言の中でていねいに述べましょう。実はその言葉こそが「争族」防止の特効薬にもなるのです。

争族を避ける対策①

良い遺言を遺す

今、日本では年間約137万人が亡くなっていますが、その中で「公正証書遺言」を遺した人は約11万人、「自筆証書遺言」を遺した人が約1万7000人なので（※）、約1割しか遺言を書いていないことになります。

遺言がない場合、財産は民法で定められた「法定相続分」にのっとり分割することが求められます。しかし、たとえ法定相続分どおり分割しても、全員が満足する結果になることはありません。「争族」を防ぐには、遺された子どもたちがそれぞれ納得する分割方法を、被相続人となる親が生前に定めて遺言を書くことが最善の策といえます。

遺言は、家族を持つすべての人にとってのエチケットだと、私は考えています。「うちの家族はもめない」はありえないと思ってください。

相続人が一人っ子以外の方は、全員「争族」の可能性があると思って間違いありません。

争族を避けるポイント

① 長子承継的な考え方に縛られることなく、納得のいく遺産分割をすること
② 財産が少なくても必ず遺言を遺すこと
③ 遺言は正式な手順で作成、保存すること
④ 遺言内容に不満をもちそうな相続人にも、あえて幾ばくか（遺留分相当額）の財産が行き渡るように配慮する

（※）出典：司法統計 第２表 平成30年「遺言書の検認数」

ギクシャクしていた兄弟がついに決裂！「正式な遺言」を堂々と無視する長男！

東京都在住の清子は、夫の遺産相続時に子どもたちがもめたことを教訓として、生前に公正証書遺言を作成しました。ところが清子さんの死後、長男は「こんな遺言は認めない」と激高。この「争族」の背景にあったのは、兄弟間の収入格差と怨恨《えんこん》でした。

登場人物（年齢は相続発生時、被相続人とは亡くなった人）

被相続人　母：清子（92歳、東京都在住）
相続人　長男：一樹（70歳、別荘地に居住、元サラリーマン、現在は年金受給者）
次男：淳次（66歳、神奈川県在住、元エリートサラリーマン）
次男の妻：由紀子（62歳、専業主婦）

遺産

都内の自宅（約4000万円）、現預金約2500万円
※別荘（約1200万円）は父死亡時に長男が相続済み

母の遺言に納得のいかない長男が激高

「そんなのおかしいだろ！　お前の方が裕福なのに、なんで俺より相続分が多いんだよ」

　長男の一樹は母親の遺言に目を通すなり、いきり立った。

「これは法的にも有効な遺言なんだから、そんな言いがかりをつけても仕方ないだろ」

　次男の淳次は一樹をなだめにかかる。

　しかし一樹の怒りはおさまらなかった。

「だいたいお前は東京の大学を出してもらって仕送りまでしてもらったろ。その学費と仕送りだけでいくらかかったと思ってるんだ。年間200万円にしても800万円じゃ済まないだろ。俺は高卒で就職したんだよ。一銭ももらわず苦労したんだよ。それなのに、なんで遺産までお前の方が多いんだよ、これで納得しろったってできるわけないだろ」

　さっきから同じ話を壊れたレコードのように繰り返す一樹。

　げんなりした淳次は突き放すように答える。

「まだその話を蒸し返すか？　その件は父さんの相続の時にカタがついたはずだろ」

「ちょっと二人とも冷静に。ここで言い合っても解決するわけじゃないし……」

　ここで淳次の妻の由紀子が仲裁に入るが、一樹の激高は止まらない。

「あんたは口挟まないでくれるか。これは俺たちの問題なんだ。何様のつもりだ？」

　妻に向かって怒鳴られては、淳次も黙っていない。

「いや、そもそも話し合いになっていないだろ。兄さんだって別荘を相続したくせに、自分だけ損したような言い方はよしてくれないかな?」

「あんなボロ別荘、もう価値はゼロだよ。じゃあ別荘はお前にくれてやるから、母さんの遺産は放棄しろよ」

「本気で言ってんのか? めちゃくちゃだな」

相続割合に大差のある遺言をあえて書いた母の意図とは

もはや収拾がつかなくなってしまったこの「争族」。その当事者である淳次さんご夫婦が私の事務所へ相談に訪れたのは、このやりとりの2週間後でした。

淳次さんご夫婦から「争族」のいきさつを聞いた私は、さらに詳しく事実関係の確認を行いました。


「おそらくお母さまなりの配慮があったのでしょうが、やはり相続割合に差がつくともめるケースは多いですね。特に、お兄さまのように子どもの頃からの不公平感を抱えていらっしゃる場合、これを機に爆発してしまうケースはよくあります。私も最大限お力になりますが…… まずは、なぜお母さまが遺言で淳次さんの相続割合を4分の3にし、お兄様の相続割合を4分の1にしたのか、その理由を教えていただけますか? 確かに相続割合に3倍も差があれば、少ない側のお兄さまが不満を持つことは容易に想像できたはずです。にもかかわらず、なぜお母さまはそのような遺言を残したのでしょうか」

すると、淳次さんは静かに口を開きました。

「母から直接聞いたわけではないので多少推測もありますが……」

父親の遺産相続で積年の恨みに火がつく

父親の義明ががんを患い亡くなったのは、今からちょうど10年前。東京の大手企業に勤めていた義明は、都内に自宅を構え、那須高原に別荘を持っていた。

長男の一樹は、小さい頃から勉強が嫌いでやんちゃだった。地元の高校を卒業後、大学へ進学せず中堅の不動産会社に就職。その後、職を転々として最終的に埼玉県の中小企業で定年退職を迎えた。

一方、弟の淳次は都内の一流大学を出て大手商社に入社。海外赴任も経験し、36歳のときに都内でマンションを購入。父親が亡くなったのは、その商社で課長として働いている頃だった。

誰が見てもわかるとおり「残念な兄と優秀な弟」の組み合わせである。

兄弟が3年ぶりに顔を合わせたのは、父親が急死したときだった。

そして四十九日を終え、家族3人が実家で向き合った遺産分割協議の席で、冒頭の口論が起こった。

「お父さんの遺言がないから、遺産分割を話し合わなくちゃいけないんだけど。私もそういうの疎《うと》いから、役所で相談してみたの。そうしたら司法書士さんを紹介してくれて『法定相続分』で分ければいいと教えてくれたの」

そう言って母の清子は、司法書士の話をまとめたメモを読み上げた。

続いて淳次が、清子の言った話を要約する。

「要するに遺言がない場合、民法で『法定相続分』という遺産分割基準があるから、それに従えってことだね。これによると配偶者つまりお母さんが2分の1、僕ら兄弟が残り2分の1を分けるってことだよね。まあ、それでいいんじゃないの」

するると、黙って話を聞いていた一樹が不満そうに口を開いた。

「母さんが2分の1を相続するのはいいけど、残り2分の1を俺と淳次で分けるってことだよな？」

「うん。つまり、それぞれ4分の1ずつ受けとるってことだね。それでいいんじゃないかな」と淳次。

「ちょっと待てよ。なんでお前と俺が対等なんだ？　俺は長男だし、お前んちは金も家もあるんだから遺産なんかいらないだろ」

突然、乱暴なことを言い出した一樹に清子は慌てた。

「ちょっと一樹、何を言い出すの。あんただってお金も家もあるでしょ」

「はぁ、うちはオンボロだし、定年退職したから、これからは年金暮らしだよ。だいたい父さんも母さんも淳次には甘過ぎるんだよ。いつだって俺ばっかり貧乏くじだよ！」

一樹は怒りを爆発させ、積年の恨みを一気に並べ立てた——。

一時相続は決着しても兄の不満は収まらず

「つまり、お兄さまは高卒で就職したのに、淳次さんは一流大学に入った上に、大手商社に就職できた。自分だって大学に行かせてもらえれば、大企業に入って裕福な生活が送れたはずだと。これがお兄さまの主張ですね。

たしかに理不尽ですが、お兄さまの頭の中では、その考えが正当なんでしょうね」

　私は、淳次さんに同情しました。

「そうなんです。だから自分は遺産をたくさんもらう権利があると言い出し、もう何を言っても聞いてくれませんでした」

「そういう人が相手だと、話し合いでは解決しませんね」

「おっしゃる通りです。兄弟で話しても埒《らち》が明かないので、司法書士の先生に入っていただき、話し合いでそれぞれの相続割合を決めることになりました。それでも、兄は言うことを聞かず、遺産分割の協議がまとまるまでに半年以上かかったんですよ」

　最終的に、都内の自宅を3人の共同名義にし、那須高原の別荘は兄が相続財産として引き継ぐことで、ようやく解決した。

　しかし「解決」といっても、その後も一樹さんのワガママは続いたという。

　母親の清子さんを訪ねるたびに、実家の土地を共同名義にしたことを盾に「3分の1は俺の家なんだから地代を払え」とか、「地方暮らしも飽きたから東京に住ませろ」などと詰め寄ったそうです。

一樹さんは妻からも「同じ兄弟なのに、こんなに暮らし向きが違うのはおかしい」と常々なじられていましたから、母親や弟を逆恨みしていたようです。

お母さまは、このときの相続で疲れ果ててしまったのでしょう。だから「自分の相続では同じ轍《てつ》は踏ませない」という強い決意で公証役場に出向き、公正証書遺言を作成されたのですね。

しかし、そんなお母さまの願いもむなしく、彼女の死後に兄弟はさらなる泥沼の「争族」に陥ってしまいました——。

有効な遺言があっても「争族」は起きる

お母さまの清子さんは、自分が死んだら長男の一樹さんに最低限の遺留分を遺し、財産の多くを淳次さんに渡す主旨の遺言を書かれました。

その内容は「一樹さん4分の1、淳次さん4分の3」というものです。

お父さまの一次相続の際に、一樹さんには別荘を丸ごと渡しているのに、淳次さんには自宅の共同所有権しか渡せなかった。お母さまはそのことに後ろめたさを感じ、二次相続の際に淳次さんの相続割合を多くしたのでしょう。

その代わり、一樹さんには遺留分相当額の現預金を遺すことにした。法的には申し分のない遺言です。すべてはかけがえのない二人の息子がもめないようにと願ってのことです。

基本的に、このご家族のように**公正証書遺言がある場合、遺言の真正性や遺言の効力に**

疑義が生じることはありません。もし疑義が生じるとしたら、被相続人が認知症など、意思能力がない状態に陥ってしまうといったケースに限ります。

中には、被相続人に意思能力があるのかどうかをよく確認せずに公正証書遺言を作成してしまったのでは？　と疑問に思ってしまうケースも過去にありましたが……。

しかし今回の事例では、遺言を書いたお母さまの意思能力はしっかりしているので、そこに問題はありませんでした。

ところが、長男の一樹さんはこの遺言を不服として弁護士を立て、改めて遺産分割協議をやり直すべきと主張したのです。

このような場合、通常は弁護士が「有効な遺言があるにもかかわらず、遺産分割の協議をするんですか？　こんなことで争ってもお金と時間がかかるだけで、あなたにとっても意味がないですよ」とアドバイスするはずです。誰が見てもあまりに理不尽な言いがかりですからね。

これはあくまでも私の推測に過ぎませんが……この弁護士さんは、一樹さんには勝ち目のない裁判と知りつつ、着手金欲しさに依頼を受けてしまったのかもしれません。世の中にはそのような弁護士もいるという話を耳にしたことがあります。

このケースでは一樹さんが弁護士を立ててきたため、淳次さんも弁護士に依頼するしかありませんでした。

そして現在も弁護士を介して話し合いを続けていますが、いまだ結論は出ていません。

彼らの「遺産分割調停」は継続中なのです。

さすがに民事訴訟には至っていないもの

の、すでに弁護士費用などでかなりのお金がかかっており、兄弟そろって相当疲弊していることでしょう。

日本では生前に遺言を書く人は、いまだに1割前後しかいません。

その意味では、今回登場されたお母さまは、レアなケースと言えます。生前にきちんと公正証書遺言を準備し、しっかり終活をされていました。それにもかかわらず「争族」が起きてしまいました。

実は今回の「争族」は、わりとよくあるパターンなのです。

一樹さんのように、ちょっと気性が激しく、理屈の通じない兄弟（もしくはその配偶者）がいると、どんなに準備万端でも「争族」は免れません。

しかし、こうした事態でさえも、遺言の書き方を工夫すれば、状況はいくらか「まし」にできるのです。

争族を避ける対策②
遺言の効力を強める

通常であれば、遺言を作成することで、「争族」の多くを未然に防ぐことができます。しかし、今回のケースのように会話の成立しない親族がいて、もめることが事前に予想される場合、公正証書という形での遺言作成はもちろん、遺言の内容についても、**遺言とは異なる遺産分割を禁じる旨を明確に書く**などの対策が必要になります。例えば、遺言内容が確実に実現されるように弁護士を遺言執行者として指定しておくなど、できるだけトラブルを予防することが賢明です。

なお、これは遺言の効力を強める意味とは異なりますが、**「被相続人がなぜ遺言に書いたような相続割合を妥当と考えるに至ったのか」という理由を付言事項としてあわせて遺言に書いておく**と、いくらかトラブルを回避できます。

あなたの言葉が、相続割合の少ない相続人の理解を促すからです。例えば「あなたは前回の相続で他の人よりも多くの相続財産を得たはずだから今回は我慢してね」といった具合に、遺言の相続割合は適正であることを主張しておくのです。

ちなみに今回のケースは、生前贈与や譲渡といった手法を使い、適正な取引価格とエビデンスを遺しながら、資産を早めに移転しておけば、「争族」は避けられたかもしれません。

理屈の通じない人が相手だと、たとえ法律があってももめごとは避けられません。そのような場合は「先に（生きているうちに）渡すことで遺産を減らしておく」という手も考えてみてください。

争族を避けるポイント

①法律の定める方式に従って遺言を書く

②遺言とは異なる遺産分割を禁じる旨を明確に記載する

③遺言に付言事項を記載し、相続人が遺言内容の理由を理解できるように努める

④弁護士を遺言執行者に指定しておく

親の世話をしていた姉が預金を勝手に使い込み！失われた現金は取り返せるのか？

同居している、あるいは実家の近くに住んでいて親の面倒を見ている兄弟姉妹が、生前に財産を消費してしまっていることが原因で「争族」となってしまうケースは、非常に多くあります。このご家族の場合も裕福だった父親が億を超える預金を母親に遺しましたが、その母親が亡くなった後の二次相続でわかったのは銀行残高が数十万円にまで激減していたことでした……

登場人物（年齢は相続発生時、被相続人とは亡くなった人）

被相続人　母：敦子（91歳、東北地方で夫が造り酒屋を経営）
相続人　長女：春美（74歳、東北のある地方都市に在住）
次女：奈津美(72歳、神奈川県横浜市在住)
三女：秋絵(69歳、東京都在住)

遺産

自宅（約3000万円）、銀行預金数十万円

銀行口座の取引明細書から発覚した長女の裏の顔

「お姉ちゃん、これどういうこと！　説明してよ？」

次女の奈津美が大声で長女の春美に詰め寄った。手にしているのは、母親が遺した銀行口座の取引明細書だ。

「なに、これ？」

春美は面倒くさそうに手で払う。

「お母さんの預金通帳が見つからないから、銀行に頼んで取引明細書を出してもらったのよ」

「取引明細書？　何のために？」

「何のため？　それはこっちが聞きたいわよ」

奈津美が指さした取引明細書の欄には、毎月70万円もの現金が引き出された記録が載っている。

「だから何なの？　お母さんのために生活費をおろしただけでしょ」

「90歳のお母さんが毎月70万円ものお金を何に使ってたっていうの？　おかしいよね、こんな大金」

「介護を手伝ったことのないあんたたちにはわかんないわよ。ホームヘルパーさんを頼んだり、デイサービスに行ったり、お金がかかるのよ、年寄りは」

春美はため息をつきながら、妹たちに悪態をつく。

その春美の態度に怒りを抑えきれなくなった奈津美は一気にまくしたてた。

「このところ、お姉ちゃんちは、ご主人が定年になったにもかかわらず、自宅をリフォームしたり、海外旅行へ行ったり、ベンツを買ったり、羽振りの良い生活をしてると思ってたのよ。この取引明細書見てピンときたわよ」

「バカじゃないの、あんた。そんなもん夫の退職金を使ったからに決まっているじゃない」

春美はまったく悪びれない。

「そんなの信じられるわけないじゃない。私の夫だって退職金もらったけど、年金だってあてにならないのに、そんな羽振り良く使えるわけないでしょ。そんな嘘《うそ》が通用すると思ってるの?」

「嘘なんかついてないわよ。だいたい、あんたたちみたいに遠くに住んでて、ときどき『お母さん元気!』とか電話してくるだけなのに何がわかるっていうの。介護って半端じゃないのよ」

「だから、たくさんお駄賃をもらいましたで、私たちが納得するとでも思ってるの? 信じらんない」

姉妹の言い争いはエキサイトしていく。仲良しだった姉妹の「争族」には、もはや解決の糸口は見えなかった——。

一次相続では多額の資産をトラブルなく分割したのに……

私の事務所を訪れた奈津美さんと秋絵さんは、「聞いてくださいよ」と口を開くなり、長女の春美さんへの不平不満がマシンガンのように飛び出しました。

私はおふたりのお話が一段落するまでじっくり待ってから口を開きました。

「おふたりの気持ちは、とてもよくわかります。私も長く相続のご相談を受けていますが、同居あるいは実家の近くにお住まいのご家族による預金引き出しは、『争族』原因のトップ3に入るくらい、よくあるパターンなんですよ。ただ、とても申し上げにくいことですが、このパターンは問題が長期化する可能性がありますから、覚悟して臨まないといけません」

「やっぱり、そうなんだ」

三女の秋絵さんはため息をつきます。

「こういうときは、やはり同居されているご家族の言い分が通ってしまうケースが非常に多いのです」

「私たちが何を言っても、お姉ちゃんはあなたたちは知らないだろうけどとか、私がどれだけ苦労しているのかって話にすりかえちゃうんですよ」

奈津美さんも秋絵さんに同調する。

「引き出した現金には色も名前もついていませんからね……。お姉さまがお母さまのお金を使い込んでいたとしても、それを立証することは非常に難しいのです」

私はそう説明するしかありません。

おふたりが少し落ち着いてきたところで、私は今回の「争族」が起きた背景を解きほぐしていくため、ご家族の時間を少し巻き戻していただくことにしました。

このご家族のお父さまは、実家が東北地方で代々造り酒屋を営まれていて、地元では知らない人がいないほどでした。とても経営手腕の優れた方で、現代の若い方にも好まれる日本酒を開発してヒットさせ、会社をさらに大きくして多額の資産を築かれたのです。

お父さまはその後、経営から退く際に、お母さまに自社株を引き継ぎました。彼女はそこから経営に携わることもできたのですが、あえて株式を売却し、夫婦は会社から距離を置いたのです。

したがって、お父さまが亡くなった時点で、目立った資産は自宅と現預金と生命保険くらいのものでした。それでも億単位にのぼる資産を遺されたわけですが……。

この一次相続の際に3姉妹も1000万円ほどの遺産を手にしたこともあり、全員が納得の上で遺産分割協議を終えました。

「私と秋絵は結婚して、横浜と東京にそれぞれ引っ越したのですが、お姉ちゃんだけは地元で結婚したので実家から車で数分の距離に住んでいました。それもあって、お母さんは近くにいてくれたお姉ちゃんへの思いは強かったのでしょう」

私は相づちを打ちました。

「そうでしょうね。その頃、皆さんの仲はどうでしたか？」

「秋絵はみんなにかわいがられていたけど、私とお姉ちゃんはよくケンカしてました。もともと仲は良くなかったと言えます。でも、私達に子どもができた後は、おたがいに家族で行き来するようになりました。ここ10年ほどは、けっこう仲良くしてたんですよ……」

「お母さまのお体の具合は、いつ頃から悪くなったのですか」

「お母さんは昔からアクティブな人で、お父さんが亡くなった後も一人で海外旅行へ行ったりしていました。日常生活も問題なかったと思います。それでも、やっぱり80歳を過ぎてからは自分の言ったことをすぐ忘れてしまうようになって……周りが振り回されることもありましたね。財産はぜんぶ春美にあげると口走ったと思うと、次の日には3人で財産を均等に分けてねと言い出す始末でした。日によって言うことがぜんぜん違うんです。それでも、孫たちには毎年１１０万円ずつの暦年贈与（※）を忘れずにしてくれたんです。やさしいお母さんでした……」

お母さまのことを思い出して奈津美さんは少し涙ぐみました。

そんなお母さまが91歳で大往生を遂げたことで「争族」が起きてしまったのです――。

（※）「暦年贈与」とは、暦年（1月1日～12月31日）ごとに贈与を行い、その贈与額が年間１１０万円以下であれば贈与税がかからない制度のことです。

毎月70万以上の現金が消えていたが証拠はないとつっぱねる長女

母親の四十九日を終えた後、3姉妹は悲しみに暮れながら、母親の暮らした実家を片付けはじめた。

このとき、けっきょく遺言らしきものは見つからなかった。

地元ではそれなりの会社を経営してきた一族なので、次女の奈津美と三女の秋絵は、基礎控除の４８００万円（３０００万円＋６００万円×３人）を優に超える財産が残っていると考えていた。

なぜなら、一次相続（父の死亡時）で母が億を超える現預金を相続したことを姉妹は知っていたからだ。

ところが、母の財産をいくら調べても自宅以外の目立った遺産は見つからない。不審に感じた奈津美と秋絵は、父の会社の会計を見てもらっていた税理士に相談を持ちかけた。

税理士から、とにかく預金通帳を探すように指示されたふたりは、実家を隅から隅まで探しまった。

しかし預金通帳はどこにもない。

「いくらなんでも通帳がない、なんてことある？」

秋絵は奈津美に問いかける。

「年金の振り込み用口座だって必要なんだから、通帳がないわけないでしょ」

しかし、探しても探しても、ついに通帳は見つからなかった。

長女に問いただすとキャッシュカードはあったけど通帳は見たことがないと言う。

挙げ句の果てに「お母さんは預金なんてしてなかったんじゃない？」と投げやりに答えてくる始末だった。

ここから、冒頭の「争族」に発展したのである。

長女の使い込みを確信したふたりの妹は、訴訟も考えて弁護士に相談した。

しかし、長女が母の財産を使い込んだという確固たる証拠をつかむことはできないまま、裁判を起こすための金銭的な負担や、世間体などを考えたふたりは、けっきょく泣き寝入りするしかなかった――。

同居の家族は「やりたい放題」になるのが現実

今回の事例のように、同居の親族が金融機関から生活費をおろしてくる際に現金を着服する例は枚挙にいとまがありません。

他の親族が離れて住んでいる場合、このような実態は、親が亡くなるまで把握できません。ひどいケースだと、認知症になった親を銀行へ連れ出し、改印までしてお金を引き出す例もありました。

しかもほとんどの場合、**使い込みが発覚したところで後の祭り**です。

よほど強力な使い込みの証拠が出てこない限り裁判で勝つのは難しいでしょう。

肝心の親が他界した後だと、まさに「死人に口なし」です。

「親の承諾なく（勝手に預金を引き出した）」という点を主張立証するため、「当時の親は事実上の認知症だった」と主張する手もありますが、これも診断書などがなければ正確に立証することは難しくなります。

「まだら認知症」という症状もありえますので、「お金の引き出し当時、その瞬間に本当に認知症状態だったのか」ということは、明確な証拠がないと認定されにくいという面もあります。

このようなケースで有効なのは成年後見制度です。意思能力があるうちに任意後見制度を利用すれば、親を被後見人とし、子供が後見人になることで、こうしたトラブルを回避する方法です。

うまく使えば便利な制度ですが、この成年後見制度も万能ではありません。これを利用すると、被後見人（親）の財産は守られる一方、自宅の処分や相続税対策がやりづらくなるデメリットもあります。

今回の事例では、孫に対して毎年１１０万円ずつ現金を暦年贈与して相続対策をしていましたが、成年後見制度を利用するとそれもできなくなるでしょう。

このように、親の同居人の不正が疑われる場合、できるだけ早く相続の専門家に相談するべきです。家族の希望に応じて方針を決め、相続の準備を少しずつ進めておけば、不要なトラブルを防止できます。

今回のように**判断能力が鈍った家族の財産を守る方法として、最近注目されているのが家族信託です**。これも万人が利用できるわけではありませんが、かなり有効な解決策となり得るので、以下にご紹介いたします。

争族を避ける対策③
家族信託を利用する

信託とは、財産を管理してくれる人と契約を結ぶことで、自身の生前の財産の管理はもちろん、自身の死後も財産を適切に相続人に渡したり、配分したりする仕組みです。

信託には、信託銀行や信託会社など営利企業にゆだねる「商事信託」と、家族や信頼できる人に任せる「民事信託」があります。商事信託をすると信託額に応じた手数料を取られますが、民事信託は家族が受託しますので手数料がそれほどかかりません。このため、近年は財産管理の新たな選択肢として「民事信託」、その中でも家族を受託者とする「家族信託」が注目されています。

家族信託は、生前の財産管理と死亡後の財産管理を両方行えることが一番のメリットです。

一般に、人が亡くなると、いったん資産が凍結されてしまい、一定期間さまざまな不便が生じます。しかし**家族信託を利用すれば、亡くなった後に財産を誰に帰属させるのかを指定することで、資産が未分割状態で放置されることなく、指定された人に引き継がせる**ことも大きなメリットです。

ただ、この制度を利用するためには、やはり「信託財産を任せられる受託者（信用できる人）がいるかどうか」がポイントとなるでしょう。

まだ始まったばかりの制度ですから、信託実務に精通した専門家が少ないこともデメリットではあります。

逆に言えば、実務を任せられる専門家と信用できる家族さえいれば、かなり有効な手段であることは確かです。

状況によっては家族信託ではできないこと（遺言も併用しないと解決できないこと）もありますから、家族信託を検討される際には、ぜひ弁護士等の専門家に相談してください。

争族を避けるポイント

①　家族信託の活用を検討してみる

②　家族信託なら生前に死後の財産管理を委託できる

③　家族信託なら特定の家族に財産を使い込まれることを予防できる

④　家族信託なら費用（信託自体の手数料）があまりかからない

「財産はいらない」と言っていた兄が手のひら返し！10年介護してきた弟は報われるのか？

経営者として収入も多かった兄は、常々「財産はいらない」と言っていた。しかし、東日本大震災で人生設計が大きく崩れた結果、姉が亡くなったときに突如「財産を半分もらう権利がある」と言いだし、「争族」に発展――。

登場人物（年齢は相続発生時、被相続人とは亡くなった人）

被相続人　姉：千恵子（81歳、元私立有名大学教授、東京都在住）
相続人　兄：雄一郎（77歳、元個人事業主、大阪府在住）
　　　　弟：誠二（75歳、元大手金融機関サラリーマン、定年退職者、東京都在住）

遺産

都内に戸建て自宅（約4000万円）、現預金6000万円

羽振りの良かった兄が豹変《ひょうへん》

「それは遺産をもらいたいっていう意味なの？」

弟の誠二は思わず聞き返した。兄の雄一郎が発した言葉があまりにも意外だったからだ。

「当然だろ。俺は法定相続人なんだから、財産を半分もらう権利があるんだぞ」

雄一郎は、誠二から視線をそらしながら不服そうに返答した。

「だって、前はいらないって言ってたよね。介護も手伝ってないから、財産は全部お前が相続すればいいって」

「覚えてないな。仮にそんな口約束してたとしても、いまさら何の効力もないだろ。それより俺は法律で認められた相続人なんだから、それがすべてだよ」

これを聞いた誠二は完全に頭に血がのぼった。

「今さら何言ってんだよ。しかも、財産を半分よこせってどういうことだよ。俺たちがこの10年間、姉ちゃんの介護でどれだけ大変な思いをしたか、わかってないだろ。兄ちゃんは一度だって手伝いに来たことないし、援助だってしなかったのに。金だけよこせなんて通るかよ」

「法律で決まってるんだから仕方ないだろ。議論するだけ無駄だ。さっさと財産を処分して半分ずつ分けようぜ」

「ふざけるなよ！　俺は絶対認めないからな」

血を分けた兄弟だからこそ引くに引けない「争族」は、こうしてはじまった――。

両親の死後、それぞれ成功していた3人の姉弟

私の事務所を訪れた誠二さんは、ことのあらましを丁寧に説明してくれました。

「両親を早くに亡くしたため、身内は私と姉と兄の3人しかいません。姉は苦学の末、有名な私立大学の大学教授になりました。結婚には縁がなく生涯両親が遺してくれた都内の戸建て住宅に暮らしていました。大学の仕事が忙しくてお金を使う暇もなかったらしく、退職時点で現預金は6000万ほどあったようです。兄と姉は性格が似ているところがあり、小さいころからよくけんかしていて、大人になってからはほとんど絶縁状態でした。兄は大学卒業後、家を出たので、その後どういう経緯をたどったのか詳しくはわかりませんが、40代で独立して大阪でフランチャイズチェーンの店をはじめ、一時期は5店舗くらい経営していたようですね。当時はかなり羽振りが良かったので……」

「お兄さまが財産はいらないとおっしゃったのは、その羽振りが良かったころのお話ですね」

私は「争族」の背景を知るために確認しました。

「はい。姉は70歳を過ぎてから体調を崩していて、ひとりでの生活が困難になっていました。そこで姉が亡くなる10年ほど前から私たち夫婦が同居して、彼女の介護をはじめたのです」

「そうでしたか、10年間も介護をされたのだとすると、ご苦労も多かったでしょうね」

誠二さんの話によると、千恵子さんが要介

護状態になってから2年後に雄一郎さんと会ったとき、彼はこう言ったそうです。

「俺は大阪に住んでるから手伝いに来られない。だから姉ちゃんのことはお前たち夫婦に任せるよ。その代わり、万が一の時は、実家もお金も全部お前が相続すればいい。俺は大阪で一財産を築いたし老後の準備もしているから、遺産は1円ももらう気はないよ」

当時のお兄さまは、会社がうまくいっていたため余裕があり、本気でそう考えていたのでしょう。しかし、それから数年後、お兄さまの生活は一変してしまったのです——。

「3・11」で人生が変わってしまった兄

2010年、雄一郎はフランチャイズ店舗を売却し、会社経営から引退した。売却益は5000万円を超え、これを老後資金として、悠々自適の暮らしを送るつもりだったのだ。

引退後、雄一郎はこの売却益を元手に資産運用に乗り出す。毎年必ず配当を見込める電力会社の株を知人から勧められ、東京電力株に全額を投資した。

最初の頃は計画どおり配当金が手に入り、リタイア生活も悪くないと思われた。

しかし運用開始からわずか1年で悲劇が訪れる。

2011年3月11日14時46分、東日本大震災発生——。

東京電力、福島第1原子力発電所が被災し、株価は大暴落した。売却したくてもできないままストップ安を続け、あっという間に資産の7割以上が目減りしてしまった。これで雄一郎の老後の算段はすべて狂ってしまう。

そして翌2012年、姉の千恵子が他界したのだった。

東日本大震災の影響で資産を失った雄一郎は、千恵子の葬儀が終わるや否や、誠二を呼び出した。

「姉ちゃんの遺言を見せろよ」

「なに言ってんだよ、こんなときに」

「葬儀も終わったんだし、相続税のこともあるから早く遺産分割した方がいいだろ」

「ちょっと待てよ。だいたい兄ちゃんは遺産はいらないって言ったじゃないか」

「いいから、早く遺言を見せろよ」

「どこにあるのかわからないよ。これから探すんだから」

翌日から誠二は、雄一郎に急《せ》かされるまま自宅を隅々まで探したが、けっきょく遺言を見つけることはできなかった。

遺言がないことがわかった雄一郎は、自分が法定相続人であると主張しはじめ、冒頭の「争族」へとつながった次第である——。

兄弟姉妹には遺留分がない

このケースは、お姉さまが遺言を用意しておけば誠二さんにすべての財産を渡すことができたはずです。なぜなら、雄一郎さんに遺留分はないからです。

遺留分とは、一定の範囲の法定相続人に認められる、最低限の遺産取得分のことです。しかし、**遺留分は兄弟姉妹間の相続には適用されない**ので、雄一郎さんには遺留分を払う必要はありませんでした。

ところが、この事例では遺言が存在しません。遺言がない場合は、兄弟にも相続の権利が発生します。

雄一郎さんは、東日本大震災で虎の子の老後資金を失い生活に困っていたため、千恵子さんの遺産に目を付けていたのです。千恵子さんが危篤だと知ってから相続に関する情報を調べはじめ、自分にも法定相続の権利がある可能性に気付き、相続の主張を始めたのでしょう。

この兄弟はその後、弁護士を交えて何度も話し合いを重ね、最終的に千恵子さんが遺した財産の半分を雄一郎さんに相続させるという結論に落ち着きました。

しかし、一度壊れてしまった兄弟の仲が修復されることはありませんでした。その後、雄一郎さん夫婦と、誠二さん夫婦の関係まで悪化し、相続の一件以来、千恵子さんの法要も別々に執り行うことになったのです。

このように**一度「争族」が起きてしまうと、金銭面で解決することはあっても、遺恨が消えることはありません。**

今回のケースで「争族」を防ぐ方法は、遺言に「弟に介護の面倒を見てもらったので自宅や現金はすべて弟に相続させたい。兄は大阪にいて、本人も遺産をいらないと私に言っ

ていたので納得してください」という内容を付言事項に記載しておけば、トラブルになる要素はなかったでしょう。

遺言には、いくつか記載のルールがあります。そこには、財産分割に関する記載以外に「付言事項」という被相続人の想《おも》いを書き込める項目が用意されているのです。

付言事項はしょせん「想い」ですから、そこに書かれた内容に特段の法的効力はありません。しかし、財産をもらえない人や、多めに分割する人がいる場合は、「争族」を避けるために、その理由を付言事項に書くことをお勧めします。**亡くなった人の言葉というものは、遺された家族にとって、やはり重い**のです。

多くの場合、「納得できない」という感情が「争族」の引き金になりますから、「家族が納得できる理由」をあなたの言葉で書くことで、かなりのもめごとを回避できるのです。

この事例の家族のように、定年退職や病気で経済状況が大きく変わったことで「前言撤回」される方はしばしばいます。繰り返しになりますが、**どのような家族も「争族」になり得る**ことを忘れないでください。

争族を避ける対策④
遺言の「付言事項」に想いを書く

公証役場で作成する「公正証書遺言」は、公証人が作成してくれる正式な遺言で、その効力は法的に認められています。そういう意味で遺言としての効力は強いのですが、「付言事項」だけは公証人任せにできません。そこだけは、あなたの言葉で書くのです。

付言事項には、書いてはいけない事柄や文字数の制約は特にありません。ですから、家族一人ひとりへの感謝の想いを綴《つづ》る人もいますし、自分の人生を振り返る文章を書かれる方もいます。

このような文章は、本人にしか書けないため、遺言作成時にさほど重要視しない公証人もいます。付言事項を書くことを勧めないケースさえあります。

ですが、先にもお話ししたように**「争族」を避けるために、付言事項はとても重要です**。特に、財産分与に差をつける場合は、必ずその理由を遺された相続人が納得できるように記載してください。

そして重要なことですが、**いかなるときでも家族（将来の相続人）に遺言内容を相談することだけは避けてください**。

相続は極めてセンシティブな話題ですから、下手に当事者に相談してしまうと、その相談自体が「争族」の引き金になってしまう可能性があります。

もし、誰かに相談したいときは「争族」に詳しい、相続の専門家を訪ねましょう。

争族を避けるポイント

① 付言事項に財産分与の割合が違う理由を記載する
② 付言事項に想いを記載する
③ 遺言の内容は相続人に相談してはいけない

認知症の母が起こしたトラブル！　自ら書いた遺言を偽造だと主張！

自分で書いた遺言に驚き、遺言内容を変更したことで「争族」が起きてしまったケース。
この母親は「長子が跡継ぎ」という昔ながらの考えに基づき、全財産をすべて長男に譲ると宣言し、その内容を自ら遺言に書いていたはずですが、ある事件をきっかけに豹変してしまいました――。

登場人物（年齢は相続発生時、被相続人とは亡くなった人）

被相続人	母：初江（89歳、東京都在住）	
相続人	長女：和美（66歳、東京都在住）	
	長男：太一（63歳、東京都在住）	
	次男：良次（62歳、東京都在住）	
	次女：佳美（60歳、東京都在住）	

遺産

自宅（約8000万円）、現預金5000万円、生命保険多数

「長男が遺言を偽造した」と言い出した母親

「もしもし、あ、お母さん？ うん、どうしたの、なに？ ちょっと落ち着いてよ」

日曜日の早朝、母の初江から突然の電話を受けた長女の和美は、心がざわついた。いつも温和な母が、激高した声で電話してきたからだ。

「私は太一に騙《だま》されているのかもしれない」

言っている内容も唐突すぎる。いったい何があったというのか。

「お兄ちゃんに？ どういうこと、何があったの？」

震える声を抑えながら和美は問い返す。

「遺言が出てきたのよ、タンスの引き出しから」

「遺言って……お母さんが自分で書いたんでしょ？」

「ちがうの。私が書いた遺言じゃないの。だって、全財産を太一に相続させるなんて書いてあるのよ？ こんなの書いた覚えはないのに、そういう内容になってるのよ。きっと、太一が偽造したに違いないわ」

和美は受話器を握りしめたまま、言葉を失った。

これは……もしかすると、母の認知症がはじまってしまったのではないか？

不安がよぎる。

なにしろ初江は、以前から「長男の太一にすべての財産を相続させる」という内容の遺言を書いたと、子どもたちの前で公言していたからだ。

自分で書いたはずの遺言を見つけて、「太

一が偽造した」などと激怒する母に和美は戸惑いを隠しきれなかった——。

一次相続でもめた経験から、遺言を書く決心をした母

長男の太一さんが私の事務所を訪れたのは、お母さまが亡くなった後でした。

結果論になりますが、もし「長男が遺言を偽造したのでは」とお母さまが言い出したタイミングでご相談いただいていれば、彼らは「争族」にならずにすんだかもしれない——そう思うと、私は残念でなりません。

日本では遺言を書く人は、亡くなった方の1割に過ぎません。初江さんは、遺される子どもたちへの心配りができる方だったといえます。

「もちろん、母はそういう部分でしっかりした人だというのはおっしゃるとおりです。ですが、遺言を書くきっかけは父を亡くしたときの遺産相続でもめたからだと思います」

太一さんは、お父さまが亡くなったときのエピソードを話してくれました。

太一さんのお父さまは、空調設備事業で会社を興し、30年かけて社員30名の堅実な事業に育て上げました。

ところがその後、60歳の若さで心臓発作による無念の他界。おそらくご本人も、これほど若くして亡くなるとは考えていなかったのでしょう。事業承継の準備もなく、もちろん遺言も書かれていませんでした。

このとき、会社の承継が最大の問題となりました。

初江さんはご主人の会社の経理を担当していたこともあり、社内での人望も厚く、従業

員や取引先から社長となって事業を承継してほしいと依頼されていたのです。

ところが、そこにご主人の弟さんや妹さんが現れて「この会社は自分が継ぐ！」と理不尽な主張をしてきたのです。この主導権争いは、一族を巻き込む大騒動に発展しました。結果的に、ご主人の弟妹は別会社を設立し、事業を分社化する形で決着しましたが……。

このときの「争族」の経験が、初江さんに「遺言がないと遺族がもめる」という認識を持たせたのです。

会社はさらに発展し、長男が事業を引き継いだ

初江さんが社長になったことで社内の結束が高まり、事業はさらに発展。10年後には社員１００名規模にまで成長を遂げました。

「ある日、母から70歳を迎えたら引退したいと相談されました。当時、僕は母の会社で専務として働いていました。母は『父のときはもめごともあったから、早めに事業承継の準備をしたい』と言い出したのです。僕もいずれ会社を継ぐ覚悟でいましたので、母の意図はすぐに承諾しました。そして母が70歳を迎えた年、予定通り会社の株をすべて金庫株という形で譲り（※会社にとっては自社株買いということになる）、母は経営からきっぱり退いたのです」

太一さんは、その経緯を話してくれました。「お母さまの決断力と行動力には見習うべきものがありますね」

私も初江さんの経営センスと人柄に感服しました。

「後に、母からあっさり退いた理由について

聞かされました。父が亡くなったときのもめ事を繰り返したくなかったというのです。自分が元気なうちに一線を退くことで事業承継を円滑に進め、死後も子どもたちにもめてほしくないので、きちんと遺言を書いたと」

「ご主人の相続でもめ事を経験された奥さまが遺言を書かれるケースは、非常に多くあります。お母さまはとても賢明な判断をされましたね。ただ、問題はこの遺言が『自筆証書遺言』だったことですね……」

私は、太一さんに自筆証書遺言の問題点について説明しました。

自筆証書遺言とは、文字通り遺言者が自分で書く遺言です。公正証書遺言と違って、作成にお金がかからず、証人もいらないので気軽に作成できるメリットがあります。一方で、遺言をそのまま自宅に保存していると、第三者の手で改ざんされる危険があること、厳重に保管しすぎると紛失や不発見のリスクがあるといったデメリットが挙げられます。

今回のケースでは、もちろん太一さんが改ざんしたわけではありません。しかし、その疑いをかけられてしまったのは、「自筆証書遺言だったからこそ」と言えるでしょう。

母の異変で、皆が財産をもらえる期待感から「争族」へ

経営から退いてから10年以上たち、初江も歳《とし》を取って体調を崩すことも増えた。足腰も不自由になり、聡明だった脳も少しずつ衰え、物忘れが多くなってきた。

初江は、都内の自宅で一人暮らしをしていた。しかし、和美、太一、良次、佳美の4人の子どもたちが近くに住んでいたので、毎年

正月には彼らが訪れ、家族の交流が途切れることはなかった。

ある年の正月、和美、良次、佳美の一家は実家を訪れたが、長男の太一は顔を出せなかった。年末年始の仕事でトラブルが発生したからだ。

トラブルの内容は、経理担当者による使い込みの発覚だったが、その責任は経理部長兼常務の良次（次男）にあったと、社長の太一が裁定した。

ここで兄弟の仲に亀裂が入ってしまう。

正月の挨拶《あいさつ》を巡るすれ違い、初江の老化、そして社内のいざこざが重なる中、和美（長女）のもとに冒頭の電話がかかってきた――というわけだ。

もともと和美たちは、自分たちが財産をもらえるなどと思っていなかった。既に述べたとおり、初江は、「太一にすべてを相続させる」と宣言していたからだ。

ところが、初江が「太一に騙されている」と言い出したことで、自分たちにも財産をもらえる芽が出てきた。兄弟みんなに「もらえるものはもらっておけ」という欲がわき上がってきたのだ。

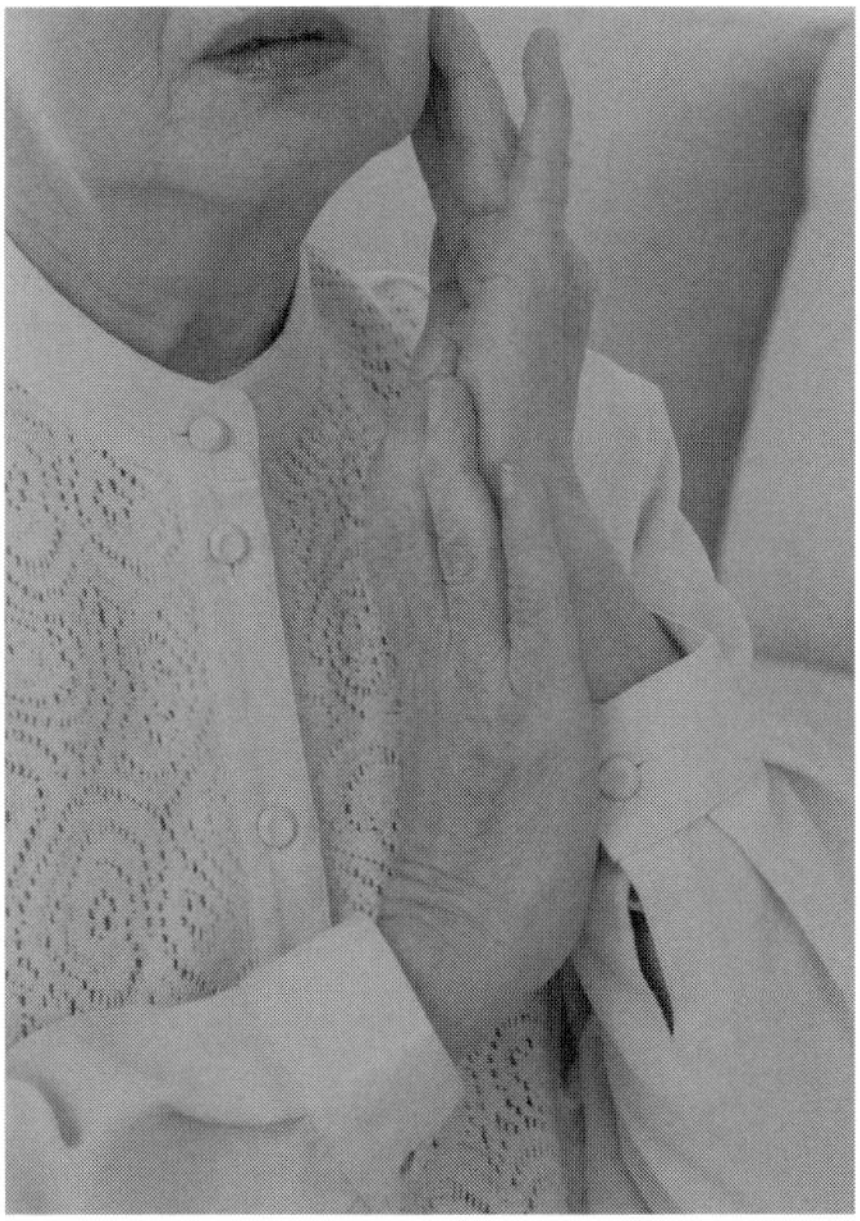

太一は明らかな濡《ぬ》れ衣《ぎぬ》である。しかし、「遺言を偽造した長男」を、初江が忌み嫌いはじめた。

初江が新しい遺言を作成すると言い出したために、「長女・次男・次女」グループと「長男」グループに分かれて「争族」の火蓋《ひぶた》が切って落とされた。

和美グループが主導し、寝たきりの母の元に公証人を呼び寄せる。口述筆記で母の公正証書遺言を作成させるためだ。

かくして、すべてを長女と次男と次女に相続させる公正証書遺言が完成した。このとき初江の判断力が正常であったかどうか、もはや検証するすべはない。

遺言は日付が新しい方が優先される。この時点で、10年前に書いた自筆証書遺言は無効となった。

太一は途方に暮れた。初江から一方的に嫌われ、自宅に入ることも許されず、公正証書遺言についても一切知らされなかった。

次の世代に争いを持ち越さないため、黙って引いた長男

「このいざこざから数年後、母は亡くなりました。私が知らされた新しく作成された遺言の内容は、すべての財産は長女・次男・次女に渡すという内容でした。私としては母の遺言能力や、公正証書遺言の有効性について徹底的に争うことも考えましたが、私は当時、会社の株の過半数を保有しており、かつ、代表取締役として会社の経営自体をコントロールできる立場にはありましたから、自分の子どもたちや孫たちにこの争いを引き継ぐべきではないと考え、遺留分を主張することなく

母の相続を終えることにしました」

太一さんは、ため息をつきながらそう話してくれました。

太一さんにとって唯一の救いは、お母さまが会社経営から退く際に自社株を金庫株にしてくれたことです。もしもお母さまが株を保有したまま亡くなっていたら、会社も乗っ取られてしまったかもしれません。

（※）金庫株自体は一般的によく見られます。しかし、株を売却した人に多額の税金がかかるので税務的にベストという選択ではありません。しかしここでは、その点については触れません。詳しく知りたい方は専門家にご相談ください。

高齢になると、その日の体調や天気によって言うことが変わる、ということも少なくありません。そして過去に自分が下した判断をひっくり返したり、いきなり散財したり逆にお金に執着したり……といった行動もたびたび見られます。

健康なとき、元気なときの姿を知るからこそ、子どもはそのような親の変化を受け入れづらいものです。しかし、「争族」を避けるには、親が頭も体も元気なうちに遺言を書くことがやはり必要だと思います。

ただし、この事例を見てわかるとおり、自筆証書遺言を作成する際には注意が必要です。

自分で書いて手元に置いておけば確かに安心かもしれません。しかし、再度読み返して気が変わるということもあれば、認知症が進んで自分が書いた内容さえ忘れてしまうこともあります。遺言の内容をすぐに変更できることは自筆証書遺言のメリットですが、今回のような「争族」が起きるリスクも同時にはらんでいるのです。

　こうした自筆証書遺言のリスクを解消するため、２０２０年7月から**「法務局における遺言書の保管等に関する法律（遺言書保管法）」**が施行されることになりました。この法律によって、今後は**自筆証書遺言を法務局に預けられるようになります**。

　少なくとも、改ざんや紛失、不発見のリスクがなくなるので、実質的に自筆証書遺言も公正証書遺言に近い信頼性が担保されます。

　自筆証書遺言が良いか、公正証書遺言が良いか、どちらが正解ということはありません。

　起こりそうなリスクを事前に考え、そのリスクの芽を摘みとる行動を一人でも多くの人にとっていただきたい。

「我が家は大丈夫」という思い込みを捨て、「争族が起きるかもしれない」という視点で遺言を作ってください。

争族を避ける対策⑤

自筆証書遺言のリスクに配慮する

　自筆証書遺言とは、遺言者本人が自筆で作成する遺言です。思い立ったときに、いつでも書くことができ、気持ちが変わったときの修正も簡単で、書くだけなら費用はかかりません。

　ただし、記載ミスがあると遺言として効力がなくなるおそれがあるので、書き方は十分に注意しましょう。例えば、「日付を書かない」「相続財産の目録以外の部分をパソコンでつくってしまう」「印鑑が押されていなかった」――こうしたミスがあると、遺言がすべて無効になってしまいます。

また、家族が容易に手に取れるところに置いておくと、誰かに改ざんされるリスクがあります。

かといって、誰もわからないところに保管したり、誰も開けられない金庫などで厳重に保管したりしてしまうと、死後に遺言のありかがわからず不発見のリスクが生じてしまいます。遺言が見つからなければ、望み通りの遺産相続を行うことはできません。

遺言の保管場所は悩みどころです。

そのような自筆証書遺言のデメリットを解消するため、２０２０年から法務局で自筆証書遺言を保管してくれるようになります。

ただし、この制度を利用するためには、必ず本人が法務局に出向かなければいけません。

足腰が悪くなってしまうとこの制度も利用できなくなるので、やはり**遺言は元気なうちに用意すべき**でしょう。

争族を避けるポイント

①　自筆証書遺言は定められた記載形式を守る
②　誰もが手に取れる場所に保管しない
③　死後に紛失・不発見とならない場所に保管する
④　そもそも、自筆証書遺言によるべきかも慎重に検討する。

長男が自分の権利だけを強引に主張！放蕩息子が使った〝奥の手〟とは？

母親が公正証書遺言を遺していたにもかかわらず、
兄（長男）と妹（長女）が「争族」に発展してしまったケース。
放蕩《ほうとう》息子だった兄は母の生前、散々迷惑をかけてきたこともあり、
遺言には財産の大半を妹に遺すと記されていました。
自分の相続分がわずかな現金だけだと知った兄は激怒し、
自らの遺留分を確保するため奥の手を使った。

登場人物（年齢は相続発生時、被相続人とは亡くなった人）

被相続人　母：美枝子（88歳、神奈川県在住）
相続人　長男：義弘（63歳、神奈川県在住）
　　　　長女：小百合（60歳、神奈川県在住）

遺産

自宅（約4000万円）、アパート2棟（合計約1億円）、現預金3000万円、ほか土地を複数保有

遺言の内容を認めないと激怒した放蕩息子の兄

「冗談じゃねぇぞ！」

遺言の内容を知った瞬間、義弘は声を荒らげてテーブルを拳で殴りつけた。

「こんなもん絶対認めないからな！」

「そんなこと言われても困るよ。これは正式な遺言なんだから、従うしかないでしょ」

小百合は、兄の態度におびえながら言う。

公正証書遺言に記載されていた事実。それは、義弘に渡すのは５００万円のみ。ほかの不動産や現預金は、すべて妹の小百合に相続させるという内容だった。

「お兄ちゃんは、お母さんに散々迷惑をかけてきたんだから自業自得じゃないの？」

「なんだと！　お前にそんなこと言われる筋合いはない！」

義弘は、高校の頃から遊び呆《ほう》けて、ろくに学校へも行かず、成人してからも職を転々とする放蕩息子だった。40歳になると突然「俺は社長になる」と言いだし、勝手にレンタルショップのフランチャイジーに手を出したこともあった。しかし、そのレンタルショップでも仕事中にトラブルを起こし、フランチャイザー（加盟本部）から違約金を請求される事態となり、わずか3年で廃業してしまった。

そのときの契約金や違約金は、すべて母の美枝子が払っていたのだ。

「お兄ちゃんはお母さんからもう十分にお金をもらっているでしょ」

小百合も一歩も引かない。

「金なんかもらってねぇよ。ちょっと借りたけど、ちゃんと返したし」

「嘘つかないでよ。最初のうちは月1万円くらい返してたけど、そのうち払わなくなったってお母さんに聞いてるんだから。だいたい月1万円って何？　そんなんで返せる金額じゃないでしょ。最初から返すつもりがなかったってことでしょ」

「うるせぇな。お前こそ母さんと同居してたんだから、俺よりよっぽど世話してもらってるじゃねえか。金だってお前の方がもらってるだろ。俺は遺産の話をしてるんだよ。あんな遺言、絶対認めないからな」

「500万円渡すって書いてあるんだから、それで十分でしょ。何なら出るところへ出れば良いでしょ」

兄妹の「争族」は、エキサイトする一方。もはや話し合いの体をなしていなかった。

兄から連日罵倒されて妹はすっかりノイローゼに

このご家族のお父さまは神奈川県内に多くの不動産を持つ地主でした。お父さまが亡くなった一次相続の際、アパート2棟、駐車場数カ所の不動産は、すべてお母さまが引き継ぎました。

このとき、義弘さんと小百合さんは、それぞれ1000万円の現金を受け取りました。それだけですが……。今回、お母さまが亡くなったことによる二次相続では、それ以上の財産を受け取れるはずだと勝手に思い込んでいたのです。

お母さまは、義弘さんの性格をよく分かっていました。したがって、自分が亡くなった後、きっと遺産相続でもめるに違いないと考え、公正証書遺言を作成されたのです。

彼女の遺言には、義弘さんには現預金500万円のみを遺し、ほかの主だった財産であるアパートや現預金、そして自宅などはすべて小百合さんに相続させるという内容でした。しかも、遺言執行者には小百合さんが指名されていたのです。遺言執行者とは、遺言の内容を実行するために必要なすべての作業（相続財産目録の作成や不動産の名義変更、そして銀行などでの預金解約手続きなど）を行う権限が与えられています。

小百合さんは遺言執行者として粛々と相続作業を進めましたが、あまりにも理不尽な兄からの恫喝《どうかつ》を何度も受けたため、相続税の申告が終わるころにはすっかり疲れ果てていました。

小百合さんはお母さまと同居されていましたが、義弘さんも同じ敷地内に別の家を建てて住んでいるのです。つまり、門は同じですから、普通に生活していれば毎日のように顔を合わせます。

そのたびに小百合さんは文句を言い続けられるのですから、たまりません。

小百合さんは電話が鳴っただけで「兄からまた罵倒《ばとう》されるのではないか」と恐怖を感じている状態で、一時はストレスで病院に通うほどになっていたのです。

家庭裁判所に「遺留分減殺請求」を訴え出た兄

「絶対に俺の財産は取り戻す！」

義弘さんは遺留分を取り戻すため、家庭裁判所に「遺留分侵害額請求」を訴えました。

相続において特定の者（この場合は妹）にだけ有利な遺産分配がなされた場合、**法定相続人が本来自分がもらえるはずの最低限の遺産の取り分（遺留分）を確保するための制度**があります。それが「遺留分侵害額請求」です。

この結果、小百合さんは受け取った相続財産全体の4分の1を現金で兄の義弘さんに支払うことになりました。最初にお母さまの遺言で500万円を受け取っていましたから、その差額が支払われたという形です。

しかし、その差額は義弘さんが期待していたような金額ではありませんでした。

この家族はいくつものアパートや駐車場を持っているので、近所からは資産家と思われていましたが、実際の資産は決して多くはなかったのです。

アパートは築年数が古い上に駅から遠く、抜本的なリフォームを怠っていたため入居率が低く、収益性はほとんどありませんでした。

不動産として相応の価値はあるものの、維持費を上回って利益を稼ぎ出せる代物ではなかったのです。

また、下手に不動産が多いせいで、相続税も高くなり、義弘さんから遺留分侵害額請求をされたときには、すでに小百合さんの現預金も枯渇した状態でした。

遺留分を払い終えることで「争族」は一段落しましたが、それ以降、この兄妹はほぼ口を利かなくなってしまったのです。

小百合さんは、目と鼻の先に住んでいる兄を、母親の3回忌にも呼びませんでした。

一度「争族」が起きてしまうと、金銭的な解決はできても、そのときに刻まれたしこりが消えることはありません。だからこそ、「争族」は起きる前に防ぐことが大事なのです。

遺留分に配慮しない遺言は「争族」を引き起こす

このご家族の場合、美枝子さんが公正証書遺言を作成していたにもかかわらず、「争族」を避けることができませんでした。残念ながら、このようなケースも多々あります。

したがって、私が相談を受けた際には必ず**「遺留分に配慮した遺言をつくるべき」**とアドバイスを差し上げています。仮に財産を渡したくないお子さまがいたとしても、法律で定められた遺留分だけは渡すよう記載することで、余計な「争族」を回避できるからです。

実はこのご兄妹には後日談があります。

紆余《うよ》曲折を経ながらも、2年以上前に相続手続きが完了したにもかかわらず、急に私の出番が訪れたのはなぜか。

それは、**「更正の請求」**が発生したからです。相続の際には当然、相続税が発生しますが、その算定方法は難しく、専門の税理士の力を借りても、ときには「税金の納めすぎ」が起こります。

しかし、税金を納めすぎていたことに後から気づいた場合、減額更正をすることで税金が還付されます。これが「更正の請求」といわれる制度です。

今回の事例で、小百合さんは広い土地を相続しましたが、相続税を申告した際の土地の評価額が過大であったため、土地評価の減額要因（土地が広い、道路幅が狭い、傾斜地、間口が狭いなど）を複数使うことで、土地評価額が下がりました（正確に言うと、評価額が下がったわけではなく元の評価が高すぎただけですが）。

これによって、彼女は相続税の一部を取り戻すことができたのです。

私の所属するアレース・ファミリーオフィスでは、「争族」対策だけでなく、弁護士や税理士などの専門家らと連携し、専門業務をそれぞれが担当しつつ、相続に関わる問題を総合的に解決する事業を展開しています。よって、小百合さんの「更正の請求」といった件にも、しっかり対応できました。

小百合さんのケースでは、更正の請求によって1000万円近くの相続税が戻ってきたのです。

この相続税を取り戻す過程で、小百合さんと義弘さんは少し関係を修復することができました。

と言うのは、税務署が「減額更正は兄妹そろって請求をしてください」と求めてきたからです。

小百合さんは義弘さんと口も利きたくなかったので、当初はひとりで更正の手続きをするつもりでしたが、税務署がそう言ってくる以上、仕方ありません。

「払い過ぎた相続税が戻ってくるみたいなので、お兄ちゃんもここにハンコ押して」と連絡をしたのです。

もちろん義弘さんも、小百合さんと口など利きたくないと思っていましたが、自分にもお金が入ることが分かると、最終的には協力しました。

相続税の一部である1000万円弱が戻ったことで、これまで凍り付いていたふたりの関係が、少しずつ溶け始めたようです。

小百合さんの方が還付額は多かったのですが、義弘さんも想定外のお金が入ったことがうれしかったようです。お金が理由でおかしくなった家族関係ですが、再びお金が縁を取りもつことになりました。

意外かもしれませんが、こうした更正の手続きがきっかけで人の絆が修復されることもしばしばあります。

土地を多く保有されている地主の方は、**相続当初の土地評価が正しかったかどうか、専門家にセカンドオピニオンを取ってみるとよいでしょう。**

なお、更正の請求は、基本的に申告期限から5年以内が期限となっていますので、その点だけはご注意ください。

争族を避ける対策⑥

更正の請求で相続税を取り戻す

相続税は被相続人の死後10カ月以内に現金で納めなければいけないため、正確な土地評価がなされないまま相続税額を申告してしまうことが少なくありません。

その結果、本来の時価より大幅に高い評価額をもとに相続税を納めてしまうことが、ままあるのです。

ここで気をつけなければいけないのは、税金の話だからといって、あまり深く考えず、会計専門の税理士に相談してしまう失敗です。税理士は税金全般のプロでありますが、必ずしも土地評価のプロではありません。そのため、現地へ足を運ぶこともなく、書類上の数字（土地の面積）に路線価をかけて、単純に土地価額を評価してしまうことが、ままあります。

しかし、実際には土地の形が整っていなかったり、道路との高低差があったり、間口が狭かったり、さまざまな理由で路線価より評価額が低いことが多いのです。評価額が低ければ、それだけ税金も安くなるはず。

特に、自宅の土地以外に複数の土地をお持ちの場合は、相続税を払いすぎている可能性が高いようです。

そのような場合は、ぜひとも**税法と土地鑑定の両方に詳しい専門家のアドバイスを受ける**ことをお勧めします。この事例のように、冷え込んだ家族関係が修復するきっかけになるかもしれません。

争族を避けるポイント

① セカンドオピニオンを受ける
② すべての税理士が相続税に詳しいとはいえない
③ 相続税の申告期限から5年以内なら更正の請求を

「更正の請求」がなぜ起こってしまうのか

「更正の請求」を行うはめになるということは、そもそも前提として「当初申告で相続税を払いすぎていた」という事実があったことを意味しています。

「ならば最初から相続税額を正しく出していれば済む話では？」と思うかもしれません。確かにそうですが、こと相続に関しては、なかなか理屈どおりに正しく申請できないのが実情です。

ひとつには、本文中でも述べたとおり「相続発生から10カ月以内に申告納税が必要」という厳しい要件です。家族を亡くした経験のある人なら分かりますが、10カ月なんて本当にあっという間です。

そして最も大きな理由は「土地の評価方法の複雑さ」です。

税金なんて土地の面積で算出されるに決まってるじゃないかと思われるかもしれませんが、そうではありません。同じ面積でも、形がいびつだったり、道路から入れない場所だったりすると、使い物になりませんね。そのような土地は、ちゃんと税金が安くなる制度があるのです。

しかし、この土地評価の算定方法が非常に複雑なので、普通の税理士では対応できないのが「当たり前」なのです。したがって、後から改めて、相続に通じた専門家に「更正の請求」を依頼し、相続税の還付を受ける――という流れになるのが現実的というわけです。

顔見知りの専門家に頼る

信頼していた税理士が原因で家族がバラバラに!?こんな自称〝専門家〟に気をつけろ!!

このケースも懇意の税理士に相談したことがきっかけで「争族」が起きてしまいました。

相続は、素人だけで解決することが難しいため、税理士や弁護士、司法書士などの専門家に相談しながら進めることが一般的です。しかし、こうした専門家が必ずしも相続に詳しいとは限らないのです。

登場人物

父：博史　（80歳、認知症により介護施設に入所中）
母：信子　（72歳、専業主婦）
長男：賢一（50歳、無職、父所有のアパートで生活）
次男：英二（45歳、サラリーマン、実家で母と同居）

遺産（見込み）

自宅（約3000万円）、大阪府内にアパート1棟、駐車場2カ所、農地など多数の土地、現預金4000万円、有価証券1000万円

突然現れた税理士から契約書のサインを求められ困惑

「こんにちは。私は税理士の熊田と申します。英二さんはご在宅でしょうか」

ある日、英二の自宅に、面識のないスーツ姿の男が現れた。

「英二は私ですが、どちらさまでしょうか」

熊田と名乗る男は名刺を差し出しながら自己紹介をした。

「私は、賢一さんの税務申告を担当しております、税理士の熊田と申します。よろしくお願いします」

「なるほど。兄の賢一のところで……。それで、この私に何のご用件で？」

英二は、名刺をもらってもまだ熊田と名乗る男を信用できず、玄関で立ち話を続けた。

「実は、介護施設に入所されているお父さまの健康状態について、賢一さんがたいへん心配していらっしゃいます。そして今後のことを考え、お父さまの財産を家族信託にしたいとおっしゃっています。本日はそのご相談にあがりました」

税理士は端的に用件を伝えた。

「家族信託？　何の話ですか、そんな話は兄から聞いていませんよ」

「資料がございますので、詳しくご説明させていただいてもよろしいでしょうか」

熊田がビジネスバッグから書類を取り出そうとする。英二は少し迷ったが、これはちゃんと話を聞いた方がよさそうだと判断し、熊田を家に上げて、テーブルを挟んであらためて向き合った。

熊田は日頃から賢一のところに出入りして

いる税理士だという。

賢一は、父親が営んでいたアパートや駐車場、農地などの不動産賃貸業を譲り受けている。その会計を委託されているのがこの熊田ということらしい。

熊田の説明によると、父親の認知症がこれ以上悪化する前に、すべての財産を家族信託にしたいと賢一が考えているようだ。そうしないと、万一のときに、財産の適正な管理や承継、処分ができなくなる可能性があるという。なので、一日も早く信託契約書に博史の実印を押してほしい——これが熊田の要求だった。

英二夫妻は、実家を二世帯住宅にリフォームして母親の信子と同居しており、兄の賢一は家を出て、父の博史が保有する賃貸物件の一室で暮らしていた。契約には父本人の実印が必要となるが、それを信子が管理していたので、税理士が実家を訪れた——という流れであった。

話を聞いた英二は「家族信託なんて初めて聞いたし、いきなり契約書に実印を押せというのは、どうかと思います。母とも相談しなければなりませんし、そもそも兄にも話を聞かなければ納得できないので、本日のところは、この契約書と資料を置いて、いったんお引き取り願えませんか」と強い口調で言い、いったん熊田を追い返した。

熊田が玄関から出て行くのを確認した英二は、「新手の詐欺かもしれない」と怪しみ、契約書の内容にしっかり目を通した。

家族信託の契約書には「委託者兼受益者は博史、受託者は賢一」と記されている。

財産については、「賢一にすべての不動産

と、現預金の半分を受託させ、その管理・運用・処分は、すべて賢一に任せる」と書かれている。さらに博史の死後「残余財産があった場合、すべて長男（つまり賢一）に帰属させる」と書かれていた。

「要するに、父さんの全財産を兄さんが管理するっていうことか。そんなこと、母さんにも相談しないで勝手に決めたのかよ。こんな契約書にハンコを押すわけにはいかないな」

税理士のゴリ押しで兄弟関係が不穏に

その日の夜、熊田から英二に電話が入った。

「書類に目を通していただけましたか。博史さんが元気なうちに手続きを済ませなければならないので、１週間後に実家へ公証人を呼び、公正証書契約を締結したいと考えています。その日までに印鑑を用意しておいてください」

まるでゴリ押しのような言い方に、英二は少しむっとした。

「ちょっと待ってください。私も母も、家族信託なんて聞いてませんし、納得していないのでハンコを押すつもりはありません」

そうきっぱり告げると、熊田は一瞬口ごもった。

「……とにかく一日も早く契約を結ばなければならないので、また連絡します」

そう言うと、彼は電話を切った。

その後、英二は賢一に電話してこの件について尋ねてみたが、兄は

「その件は、熊田さんに任せているので、よろしく頼む」

としか言わない。

英二と信子は熊田のみならず賢一も信用ならないと考え、家族の間に不穏な空気が流れはじめた。

税理士は中立とは限らない

英二さんが知り合いに紹介されて私の事務所を訪ねてきたときには、家族信託を巡って兄弟間に「争族」が勃発する寸前でした。

「父は認知症がかなり進行しているので、財産を兄に任せると自分で判断できる状態ではありません。内容に納得できないので、私は最後までハンコを押しませんでした。結局家族信託の話は流れましたが、はたしてその判断は正しかったのか……」

事情を説明した英二さんは、いまだにモヤモヤが晴れないようでした。

家族信託の本来の目的は、信頼できる家族に自分の財産管理を依頼することにあります。

「使い方によりますが、家族信託は家族の財産を守るうえで時代に合致したよい制度だと思います。ところが近年、この家族信託を悪用するケースが増えているのです」

私は英二さんに、家族信託についてお話しした。

博史さん（お父さま）は、大阪の高級住宅街に多数の土地を持つ大地主です。しかし10年ほど前から認知症が進行し、現在は介護施設に入所している状態です。

一方、お母さまの信子さんは健康に問題はなく、今も実家で元気に暮らしています。長男の賢一さんは独身で定職に就いておらず、博史さんが経営しているアパートで一人暮らしをしています。サラリーマンの英二さんは実家を二世帯住宅に改装し、妻子とともにお母さまと暮らしています。

「賢一さんがお父さまの営んでいた不動産賃貸業を継がれたということですね」

私がそう伺うと、英二さんは、

「事業を継いだというか……兄は昔から定職にも就かずブラブラしていたので、父が会計を手伝わせていただけです。手伝いといっても、不動産賃貸業の収入と支出をエクセルで入力するだけですね。あとは、顧問税理士の熊田さんがまとめていたようですね」

と説明してくれました。

その熊田さんが賢一さんに家族信託の利用を勧めたようですが、結果としてこの税理士の行動が「争族」の火種をおこしてしまったのです。

父親の財産を巡り兄弟が口論

「熊田さんから持ちかけられた家族信託の件だけど、母さんとも相談してハンコは押さないことにしたよ」

英二は、賢一に対してきっぱり家族信託の

申し出を断った。

「なんでだよ。さてはお前、俺が父さんの財産を独り占めするとでも思っているんじゃないのか。俺がそんなこと考えるわけないだろ。長男として、父さんの財産をしっかり守りたいだけなんだよ。お前だって父さんの認知症がどれだけ重症かわかっているだろ？　もう自己判断力がないから、効力のある遺言だって書けないんだ。冷静に考えたら、家族信託しかないじゃないか」

賢一は、もっともらしく説明する。

「兄ちゃんの言うことも一理あるけど、ちょっと熊田さんにマインドコントロールされ過ぎじゃない？　なんで、そんなに家族信託にこだわるんだよ」

「はぁ、何言ってるんだよ？　熊田さんは父さんの代から、うちの会社の経理を支えてきた金庫番だよ。熊田さんだって、父さんや俺たちを心配して提案してくれてるんだよ」

「でも、やり方が強引すぎるよ、熊田さんは。俺や母さんの言うことなんか聞かず、とにかく『ハンコ押してください』の一点張りなんだから。あの態度は信用できないよ」

「人を疑うのもたいがいにしろよ……」

賢一は、いらだちを隠せず煙草に火を付けた。煙草の煙を吐き出しながら賢一は眉間にしわを寄せ、しばらく沈黙してから続けた。

「……じゃあ、どうすればいいんだ。父さんの財産をこのままにしておくのか、これ以上、認知症がひどくなったら大変だぞ」

「俺だって考えているよ。実は、信頼できる相続の専門家に相談したら、成年後見制度を勧められたんだ」

「成年後見制度？」

こうして兄弟は「争族」を一旦休戦し、成年後見制度について検討を始めることになった。

認知症の本人に代わって財産を管理できる「成年後見制度」

「そうですか。わかりました。では一度、私からも賢一に成年後見制度について説明してみますね」

英二さんはそう言って、私の事務所から出ていきました。

英二さんから相談を受けた私は、熊田税理士の言うまま家族信託を進めると、ご家族に遺恨が残る可能性があると判断し、成年後見制度をご案内したのです。

成年後見制度とは、認知症などの影響で判断力が不十分で契約等の法律行為を行えない本人の代わりに後見人が必要な契約等を代理できる制度です。法定後見人には、親族もなれますが、近年は司法書士や弁護士、社会福祉士など外部の専門家がなるケースも増えてきました。近年、親族の後見人が財産を使い込みしてしまう事件が多発した影響で、外部の専門家を後見人に選ぶケースが増えたといわれています。

外部の専門家が後見人になることで財産を守ることはできますが、管財資産額に応じた相応の報酬を支払わなければならないこともあり、金銭的負担はデメリットといえるでしょう。

しかしこのケースでは、兄弟のいずれかに家族信託を任せると「争族」に発展しかねない状態でした。

ならばいっそ、外部の専門家に財産を管理

してもらう成年後見制度にした方が、双方の納得が得られると考えたのです。

さらに、お父さまの現在の意思能力を考えると、もはや遺言を書くのは難しいでしょう。「争族」が起きることを防止するため、このご家族には、「お母さまが元気なうちに遺留分に配慮した遺言をつくるべきです」とアドバイスさせていただきました。

争族を避ける対策⑦

相続全般に詳しい専門家に依頼する

外部の専門家に依頼したために「争族」が起きてしまうケースは、実際によくあります。


税理士などの比較的身近にいる専門家に相談するも、相続関連の知識や実務が足りないためにトラブルになるケースが残念ながら意外とあるのです。

別に税理士さんに悪い人が多いわけではないのですが、相続には必ず税金が絡むため、どうしても税理士さんに依頼するケースが多くなります。すると必然的にトラブルになる確率も上がるということでしょう。

また、すべての税理士さんが相続に詳しいわけではありません。

2019年現在、全国には7万8千人の税理士さんが活動していますが、年間の相続申告件数は全国で約10万件です。

つまり、ひとりの税理士さんが相続税を扱うのは、1年で1~2回しかないのです。

これでは、相続に詳しい税理士さんが少な

いのも無理はないでしょう。

では、弁護士さんや司法書士さんなら安心かというと、これも一概には言えません。法律の専門家として遺言作成は支援してくれますが、税制がわかる弁護士さんや司法書士さんは少ないので、相続関係の処理をすべて任せるわけにはいかないのです。

公正証書遺言を作成する公証人はどうでしょうか。公証人は、相続の際にいちばん重要な「遺言の作成」に関わってくれますが、原則としてそれ以外は何もできません。

つまり、「相続関係の仕事を誰かひとりにお任せして、すべてやってもらおう」という発想に無理があるのです。

相続にはさまざまな仕事や手続きが必要となるので、本来ならばそれぞれの専門家にそれぞれの仕事を頼むのがよい、ということになります。

しかし、多数の専門家に細かく仕事を切り分けて依頼し、全体のマネジメントを行うことは、それこそ素人には難しいでしょう。

こうした事情を踏まえた上で、**遺言の作成や財産の管理については、早めに「相続全般に詳しい専門家」に相談すればよい**のですが……そんな都合のよい専門家をどうやって探せばよいのでしょうか？

争族を避けるポイント

①　相続税申告件数の多い税理士を選ぶ

②　税法にも詳しい弁護士・司法書士を選ぶ

③　「争族」対策を熟知している相続の専門家を選ぶ

「争族」は起きる前に防ぐしかない

私は、過去に数多くの「争族」の現場を経験してきました。その経験から導き出した結論は**『争族』が起きたら完全に解決することはない**」ということです。

どれだけ均等に財産を分けても、全員が100％納得することはありません。誰かが納得しても、誰かが不満を抱きます。最後の手段は、家庭裁判所の審判ですが、その結果が出ても「不満はあるけれど裁判所に従うしかない」という諦めにつながるだけです。精神的なしこりは一生消えません。10年間会話がないとか、ほぼ絶縁状態という家族が少なくありません。

つまり、「争族」は起きる前に防ぐしかないのです。

くどいようですが、その最も効果的な対策は遺言です。それぞれの事情にマッチした、もっとも効果的な遺言を作成する必要があります。

このときの最大の悩みは「相続の内容を相談できる人がいない」ということです。配偶者がいれば相談できるかもしれませんが、**子どもに相談するのは基本的にNG**です。なぜなら、遺言作成に関わっていた兄弟姉妹がいると後にバレてしまうと、それが「争族」の引き金になるからです。

相談相手に困ったときは、遺された家族を守るために、ぜひ相続の専門家に相談されることをお勧めします。

第2部

死ぬ前にこれだけはやっておけ！
江幡式「争族」防止マニュアル
〈永久保存版〉


「争族」を起こさずに相続をスムーズに終わらせるには、きちんと対策を取ることが重要。

「大変そう」と構える必要はありません。

4000件の相続を手がけた経験から、「これだけはやっておけ！」という必須事項をコンパクトにまとめました。

はじめての相続税
何をしていいか分からない人のための
超ていねいな相続入門
5つのステップ！

相続は、誰にとっても避けては通れない課題です。

しかし「はじめて」だと、まず何をしたらいいのかすら分からないもの。

最低限やるべきこと5つと、誰に相談すればよいのかを一目でわかるようにまとめました。


【本記事に掲載されているアイコンについて】

本記事では、相続に関する相談先としてふさわしい専門家をアイコンで紹介しています。

税 … 税理士　弁 … 弁護士　司 … 司法書士

金 … 銀行・信用金庫等の金融機関

相 … 相続の専門家（相続コンサルタント・相続終活専門士など）

「争族」を防ぐステップ①

「何を」相続するのか把握すべし！　パソコンで手軽にできる！
「財産目録」を作成する

突然、親が亡くなるなどして相続人となった子が最も困るのが、「どのような財産がどれくらいあり、どの程度の価値があるのかがわからない」という問題です。こればかりは親にしかわかりませんから、**なるべく早めに「財産目録」としてまとめておきましょう**。

財産目録は、遺言とセットで必要になる書類です。２０１９年からはパソコンでの作成や登記簿謄本・預金通帳のコピーが認められるようになったため、とても管理が容易になりました。

現金や預金、株などの動産は、刻一刻と状況が変動しますから、一度だけ財産目録を作成してそのまま放置しては意味がありません。最低でも1年に1度は内容を確認し、必要に応じて書き換えることをお勧めします。借入金などがある場合は、利息や返済期日も書き残しておく必要があります。

ポイント
パソコンでの作成が認められましたが、すべての書面に署名押印をしていないと法的効力を持ちません。つまり、パソコンで保存しただけではダメなのです。必ず印刷して全頁に署名・押印して書類として保管してください。

相談相手となる専門家　司　金　相

遺された家族は本当に「私たちだけ」なのか？ 相続人を把握する

相続人には順位があります。法的に相続の権利がある人間を把握しておかないと、想定外の人物が登場して「自分にも相続の権利がある」と権利を振りかざしてくる可能性がないとはいえません。代襲相続人（136ページ参照）を含め、**「誰に相続の権利があるのか」を事前に把握しておく**ことは大事です。

民法で定められた「法定相続人」は、配偶者は常に相続人になり、配偶者以外では子が最優先（第1順位）です。第2順位は被相続人の親、祖父母、第3順位が被相続人の兄弟です。なお、養子は子と同順位の扱いになります。

代襲相続人を含め、法定相続人をできる限り客観的に確定するためには、**戸籍謄本を取得して確認することが重要**です。ただし、未認知の子は父方の戸籍に記載されません。

戸籍謄本によって絶対に相続人が確定されるとも言い切れないため、ここから「争族」になってしまう例もあります。

ポイント

事実婚の妻や夫、離婚した元夫・元妻は法定相続人にはなれません。平成25年9月の民法改正後非嫡出子の法定相続分は嫡出子の法定相続分と平等になりましたので、非嫡出子が存在する場合は、考慮しなくてはいけません。

相談相手となる専門家

相 弁 司

法定相続人の相続順位

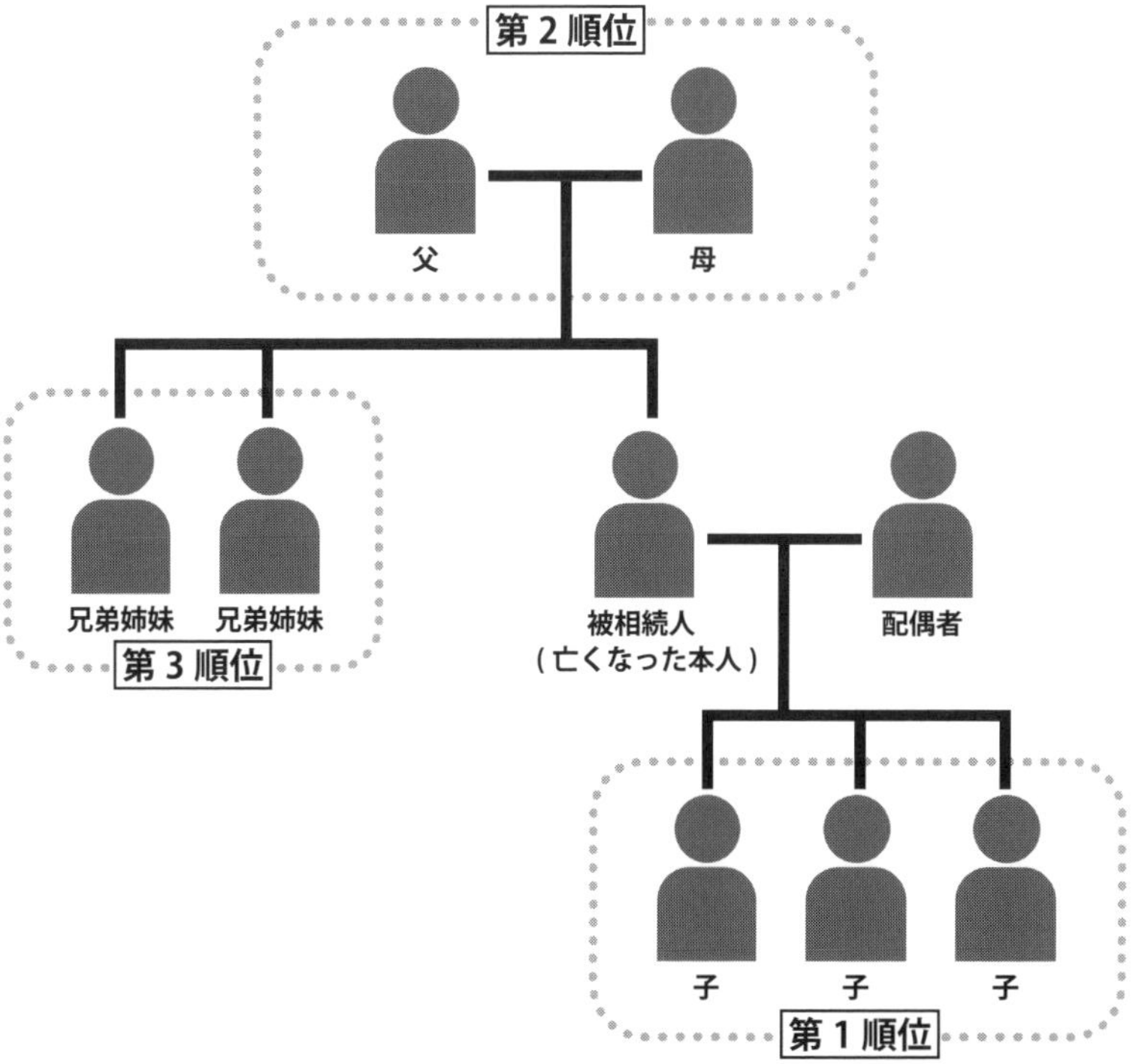

相続人と法定相続分

配偶者と兄弟姉妹の場合　　配偶者と直系尊属(父母など)の場合　　配偶者と子の場合

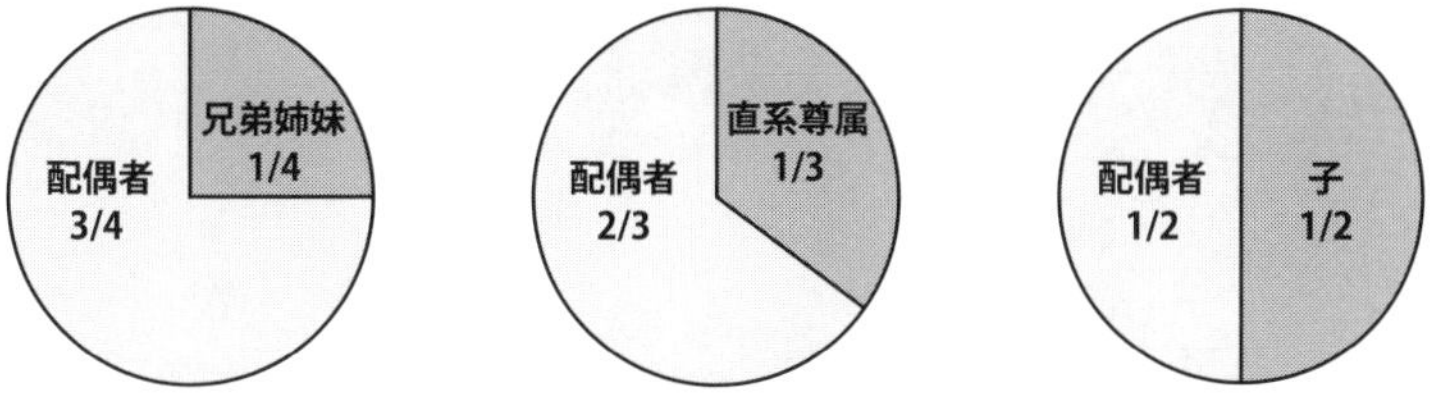

※「配偶者以外」が複数いる場合、その枠の中で均等に分割します。
たとえば子が 3 人いる場合、「配偶者が 1/2、子が 1/6 ずつ (3 人あわせ て 1/2)」になります。

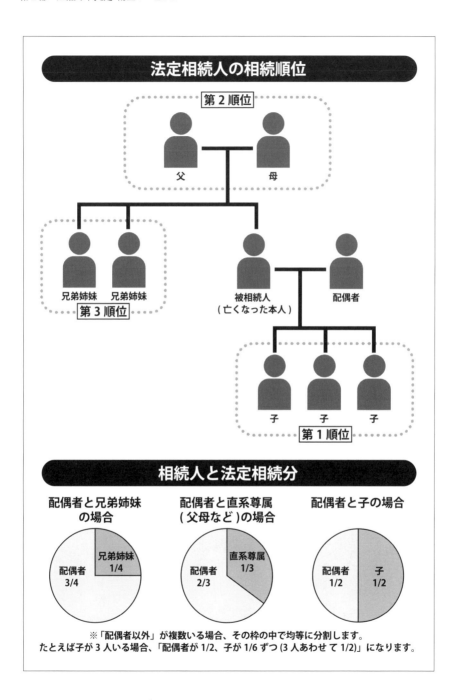

「争族」を防ぐステップ③

より多くの財産を残せばみんな幸せ！

思い立ったらすぐにやりたい「相続税対策」

財産目録を作成し、相続人を確定した後、誰にどの財産をどれくらい相続させるのかを決める必要があります。このとき、配慮しなければならないのが、**相続財産が基礎控除額を超えているかどうか**、つまり相続される配偶者やお子さまらに相続税がかかるか否かです。相続税がかからないのは、3000万円＋法定相続人の人数×600万円です。つまり、法定相続人が配偶者とお子さま二人の場合、3000万円＋3人×600万円ですから4800万円になります。この金額を超えている場合、相続税対策をされることをお勧めします。

代表的な相続税対策には、以下のような方法があります。

・連年贈与

生前にお子さまやお孫さんに毎年1人あたり110万円以下のお金を贈与する方法。この金額なら贈与税の負担なく財産を渡すことができます。ただし、お子さまへの贈与は亡くなる前3年以内の金額は相続財産に加算されてしまいます。お孫さんへの贈与は遺贈により財産を取得しなければ、亡くなる直前でも加算の対象外です。毎年ではなく隔年などの場合は「暦年贈与」といいます。

・教育資金の一括贈与

30歳未満のお子さまやお孫さんに教育資金

として１５００万円を贈与しても課税されません。この特例は２０２３年3月までとなっているので注意が必要です。

・結婚・子育て資金の一括贈与

20歳以上50歳未満のお子さんやお孫さんの結婚・子育て等を支援するために一括で贈与する場合、１０００万円まで非課税です。この特例は２０２３年3月までとなっているので注意が必要です。

・住宅取得等資金贈与

20歳以上の人が居住用の建物を取得したり、新築したり、増改築を行ったときの支援であれば、最大３０００万円まで贈与しても非課税です。この特例は２０２１年12月までとなっているので注意が必要です。

・配偶者に居住用財産を贈与

婚姻期間20年以上の配偶者へ２０００万円まで非課税で贈与することができます。

ポイント

連年贈与は、毎年同じ時期に同じ額を贈与し続けると、あらかじめ取り決めされた税金対策である「定期贈与」とみなされて課税される可能性があるのでお気を付けください。また、配偶者への居住用財産を贈与した場合、２０００万円まで非課税といいつつ、これは不動産を取得する前提の資金ですから、不動産購入時に不動産取得税がかかりますし、不動産登記にも税金がかかるので、結果的に相続税より多額の税金を支払うことになる可能性があるので、あらかじめ専門家に相談してから手続きを行うことをお勧めします。

相談相手となる専門家　税　金　相

「争族」を防ぐステップ④

「認知症になった将来の自分」から財産を守れ！

究極のバックアップ体制「家族信託」を活用する

認知症の恐れがあったり、老後の財産管理が不安だったり、財産分割でもめる可能性が予想される場合、信託の活用を検討してみましょう。

信託とは、法律に基づく財産管理方法のひとつです。簡単に言うと、自分の財産の管理を、**文字通り、他の人に「信じて託す」ための仕組み**です。

ちなみに、財産の管理を信託銀行や信託会社に任せる「商事信託」というものは、以前からありました。これに加えて、2007年から新たに「民事信託」という仕組みができたのです。

民事信託とは、「信頼できる個人」に自分の財産の管理を任せることができる制度です。――と言っても、赤の他人に財産を任せることはなかなかできませんね。したがって、実際の民事信託の運用は、家族や親族に財産を託す例が大半となっています。

家族に管理を任せるので、特に「家族信託」と呼ぶわけです。

家族信託のメリットとしては、第一に商事信託のような費用がかからない点が挙げられます。

しかし**最大のメリットは、万が一自分が認知症になったときに、財産が守られる**ことにあります。

「認知症になった未来の自分」はある意味、自分の財産にとって最大の敵です。管理を家族に任せることで、この「敵」から財産を守るのです。

また、本人（委託者）が亡くなった後、信託契約書の中に誰に帰属させるのかを指定することで、資産が未分割状態で放置されることなく、指定された人に引き継ぐことができる点も見逃せないメリットです。つまり、信託するメリットは、生前中に認知症になった場合の財産管理に配慮しつつ、亡くなった後の財産の帰属先まであわせて指定できる点にあります。

人が死亡すると、その人の銀行口座などが凍結されてしまうため、トラブルとなる例がありました。今では「預貯金の仮払い制度」ができたので、一時のようなトラブルは減少することが予想されていますが、家族信託にしておくと、より安心というわけです。

ポイント

信頼できる受託者（信託財産を管理する人）に財産を託すことが重要です。適切に財産を管理できるか心配な場合は、「信託監督人」を指名する方法があります。また、信託は民法の制限を受けないことがメリットだとお話ししましたが、一方で、通常もらえるはずの遺留分（法律で定められた相続順位に応じた分割財産）がもらえないことを不服とする相続人がいると「争族」になるリスクがある（遺留分制度を潜脱する意図で信託制度を利用する場合、公序良俗違反により信託が無効になるという裁判例も出ている）ので、配慮が必要です。

相談相手となる専門家　司　弁　相

「争族」を防ぐステップ⑤

財産を守る最終手段はやっぱりコレ！「遺言」を作成する

遺言の作成は「遺された家族に対するマナー」であり、これからはすべての方が遺言を書くべきです。なぜなら、**遺言は「争族」を防ぐ最も効果的な方法**だからです。

遺言のメリットは大きく分けて3つです。

第一に法的拘束力です。特定の人に特定の財産を残せる強い力があります（ただし一定の要件はあります）。

第二に不動産や銀行の名義変更手続きがスムーズになることです。

つまり、相続人の手間を省くことができるのです。

そして最も重要な第三のメリットが「争族」を避けられることです。

遺言が無い場合、自分が死亡した際に、銀行預金や不動産の名義変更のために遺産分割協議書が必要になります。

ところが、相続人全員の意見がまとまらなければこの書類は完成できません。そのため、遺産分割協議書を作成する際に「争族」が起きてしまうケースが後を絶たないのです。

「お兄ちゃんばかり相続してずるい！私ももっと遺産ちょうだいよ。そんな遺産分割協議書の内容なら私はハンコ押さないよ」

という具合です。

このような主張が、例えば法定相続分を超えるような一見不当なものであったとしても、「遺産分割協議書にハンコを押さない」

という一種の妨害行為によって、まかり通ってしまう――そんなトラブルが後を絶ちません。こうして遺産分割が進まず、「争族」の解決に時間や費用がかかってしまうことは、非常によくあるのです。

「争族」を避け、遺産分割協議書をつくらないで済ませるには、遺言を書くことがベストです。

また、ケースとして多くはありませんが、**遺言があれば特別代理人を立てなくてすむ**というメリットもあります。

通常は、未成年の子どもの代理人は、民法上親（親権者）になっていますが、相続の場面では、親と子どもとの間での相続財産の取り合いの問題が生じてしまうため、互いに利益相反の関係にあると考えられます。特別代理人とは、このように相続人が未成年の子どもで、共同相続人である親との間に利益相反関係が生ずる場合に選任する必要があるものです。しかし、特別代理人は裁判所に申し立てて選任してもらわなければならないので当然時間と手間がかかります。

遺言が書いてあり、その通りに執行されるように指定してあれば、こうした場合にも手間を省くことができるのです。

ポイント

遺言には大きく分けて、自分で書く「自筆証書遺言」と公証人に依頼して作成する「公正証書遺言」があります。遺言の正式な書き方については、次項で詳細を紹介しておりますので、ぜひご参照ください。

相談相手となる専門家　弁　司　相

エンディングノートだけでは安心できない！
相続争いを決して起こさない「遺言」の書き方・3つの原則

「遺言」の書き方 原則①

遺言に「まだ早すぎる」は無い　遺言はいつ書くべきか？

「遺言は高齢になってから書くもの」というイメージを持っている方は多いでしょう。でも、その「高齢」とは具体的にいつですか？

大半の方は、ご自身で体力の衰えを感じたり、物忘れがひどくなってきたりしたタイミングだと考えているようです。しかし、そうなってからでは、実は遅い。特に、認知症を患ってから作成した遺言では、審判等で無効とされてしまうでしょう。そもそも「認知症になった将来の自分」がどんな遺言を書いてしまうのか、考えるだけで恐ろしいと思いませんか？

体力が衰えてくると財産の整理だけで大変な作業になります。遺言の作成は、早ければ早いほど良いと断言できます。

遺言を作成する人は、10人に1人と少ないのですが、遺言を書かれた方の調査によると遺言の作成時期は、40代～50代が約半数を占め、60代で35％、70歳以上は2・5％となっています（※）。

遺言の作成はめんどうなので、「一度書いたら終わりにしたい」という気持ちはよくわかります。しかし、年齢とともに資産状況も変わりますし、子どもや孫の成長など、状況も変化します。できれば1年に1度は見直ししたいところです。ただし、公正証書遺言のようにコストがかかる方式の場合は、もう少し見直しのサイクルを長めにしてもやむを得ないでしょう。

（※）出典：日本財団「遺言書に関する調査（2016年）」

「遺言」の書き方 原則②

費用やメリットに応じて使い分ける2つの「遺言」

遺言には、大きく分けてご本人が作成する「自筆証書遺言」と、公証役場で公証人に作成してもらう「公正証書遺言」の2種類があります。これらの違いを知っておきましょう。

【自筆証書遺言】

本人が自筆で作ることができ、何度でも書き直せて、費用もかからないことが「自筆証書遺言」のメリットです。2019年からは財産目録をパソコンで作成することが認められたため、いちいち手書きしなくてもよくなりました。

ただし、遺言本体は自筆かつ押印が必須です。そしてもちろん、法的に定められた形式に則って書かないといけません。パソコンで作った財産目録も、すべて印刷して各ページに署名押印しておく必要があります。

また、保管場所には十分に注意する必要があります。誰もが手軽に取り出せるような場所に保管しておくと、家族の誰かが勝手に改ざんしてしまうかもしれません。

だからといって、誰もわからない場所に隠してしまうと、死後に誰も遺言を見つけてくれない「不発見」のリスクが出てきます。財産目録をパソコンで作成できるようになったことで便利になりましたが、逆に言えば「偽造や変造のリスクが高まった」という面もあるのです。

なお、「自筆証書遺言」は、勝手に封を開

けてしまうと5万円以下の過料が課せられることがあります。したがって、「自筆証書遺言」は、家庭裁判所へ持ち込んで「検認」という制度のもとで開封する必要があるのです。

２０２０年7月からは、法務局が「自筆証書遺言」を保管してくれる制度がはじまります。この制度を利用すれば、改ざんや不発見のリスクを防止できる上に、検認も不要となります。ただし、「法務局へは必ず本人が遺言を持参しなければならない」という条件があります。寝たきりになってからではこの制度を利用できなくなるので、やはり遺言は早めに用意すべきでしょう。

【公正証書遺言】

公証役場の公証人に依頼して作成するのが「公正証書遺言」です。法律の専門家である公証人が作成してくれますから、絶対的な法的効力のある遺言となります。作成した遺言は公証役場で保管してくれるので改ざんや不発見のリスクもありません。自筆証書の場合とは異なり、検認の必要もありません。

遺言作成時には、2人以上の証人の立ち会いが必要です。しかし、相続の関係者、未成年者、公証役場の職員は証人になれません。多くの場合、信頼できる知人、司法書士、行政書士、相続の専門家などに依頼することになります。証人の候補がいない場合は、公証役場が有償で証人を用意してくれます。

また、本人が寝たきりで公証役場に出向けない場合は、公証人が出張して口述筆記をしてくれるサービスもあります。

日本では、作成された遺言のおよそ9割が「公正証書遺言」です。

「遺言」の書き方 原則③

「遺言」は「遺書」ではありません！ルールを守って正しく書くための「遺言作成の手引き」

遺言はどのようなことに注意して作成すればよいのか、順を追ってわかりやすく解説しましょう。

実は、相続に関する知識のない方でも意外と簡単に遺言を作成できます。「遺言」と「財産目録」の掲載項目を紹介していますので、ぜひ活用してください。基本的には、こちらの空欄を埋めるだけで遺言が完成します。なお、この次のコーナー（108ページ）に、いくつかの遺言サンプルを掲載しました。そちらもあわせて参考にしてください。

【遺言作成上の留意点】

- 本紙を正式な遺言とする場合は、必ず全文の日付、住所、氏名をご本人が自書し、最後に押印しなければなりません。
- 遺言記入した後は封筒に入れて封をし、さらに押印してください。
- 遺言執行者は未成年者・破産者を除き誰でも構いません。ただし信頼できる人を選び、本人の了解を取ったうえで指定してください。
- 法定相続人以外に財産を譲るときは「遺贈する」という表現を使用してください。
- 遺言が複数ページにわたる場合には、各ページの綴り目に契印（ページの綴り目にまたがるように押印）をしてください。

遺言書の契印の方法

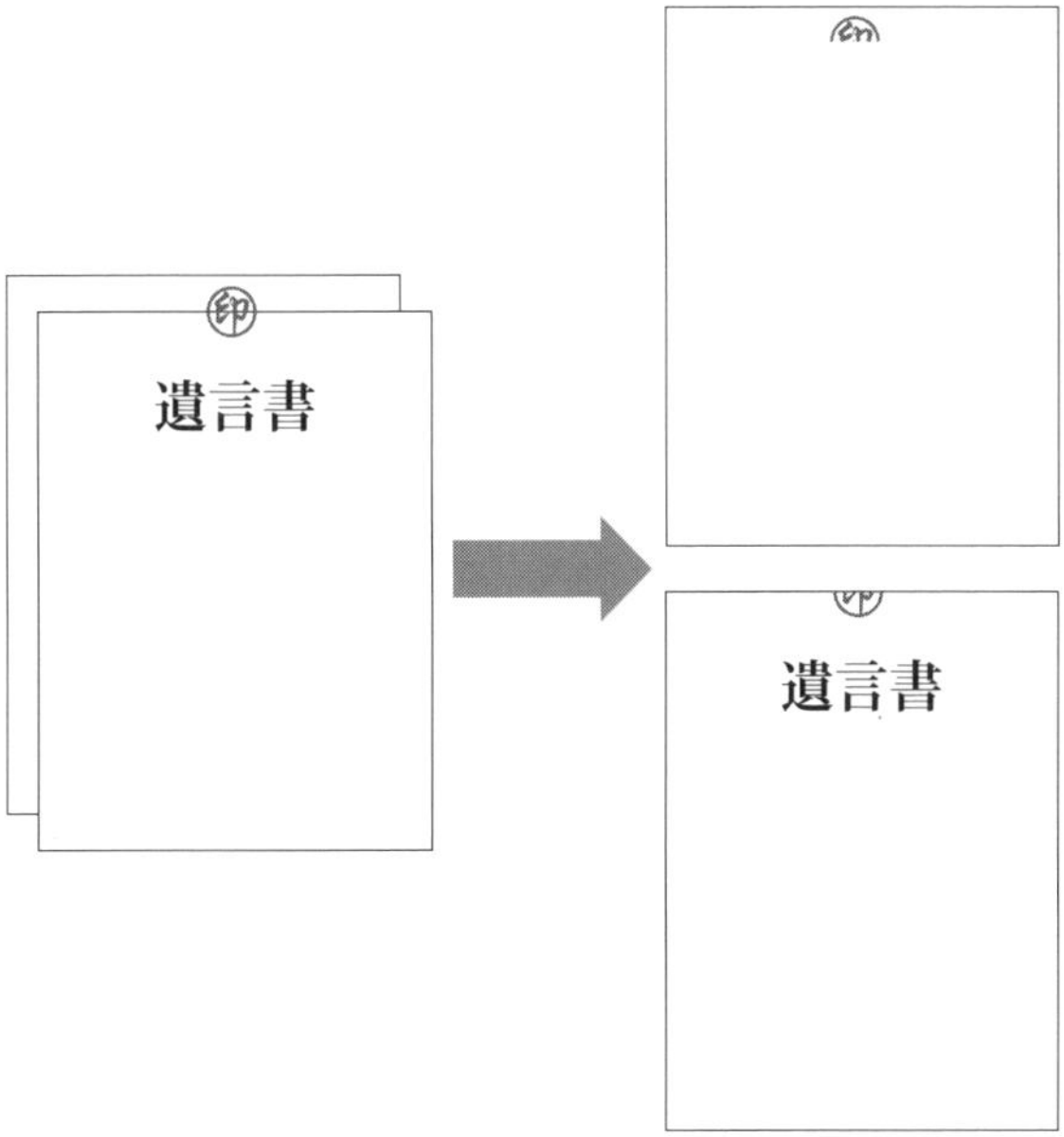

遺言書が複数になるとき は契印を押印します
(第三者による偽造、差 し替えを防止するため)

製本された遺言書の場合、製本テープと用紙に
またがるように契印を押印します(裏表紙にも押印)

【遺言】

遺言書

遺言者　　　　　　は次の通り、遺言する。

1、遺言者は、別紙目録の財産1及び2の
不動産を遺言者の（続柄）（氏名）
（生年月日　　年　　月　　日生）に
相続させる。

2、遺言者は、別紙目録の財産3の株式を
遺言者の（続柄）（氏名）
（生年月日　　年　　月　　日生）
に相続させる。

3、遺言者は、別紙目録の財産4の預金を
遺言者の（続柄）（氏名）
（生年月日　　年　　月　　日生）
に相続させる。

4、遺言者は、別紙目録記載以外の財産の
一切を　　　　　　に相続させる。

5、遺言者は、本遺言の遺言執行者として、
次の者を指定する。
（住所）
（氏名）
（生年月日）　　年　　月　　日
（付言事項）
（記載年月日）　　年　　月　　日
（住所）
遺言者　（氏名）　　　　　　印

【財産目録】

1、土地
所在
地番
地目
地積

2、建物
所在
家屋番号
種類
構造
床面積

3、預金
銀行　支店
普通預金　口座番号
信用金庫　支店
定期預金　口座番号

4、株式
株式会社　株
株式会社　株
株式会社　株
株式会社　株

（記載年月日）　年　月　日
（住所）
遺言者　（氏名）　印

相続争いを決して起こさない「遺言」の書き方
〈実例編〉

そのままマネして書けばＯＫ！
すぐに使える「遺言サンプル」集

ここから遺言の実際のサンプルを3例、紹介します（※登場する固有名詞などはもちろん仮名です）。

基本的には、前のコーナー（106ページ）で紹介した「テンプレート」を埋めるだけで遺言は作れるはずですが、具体例を見ていただいたほうがより分かりやすいでしょう。

遺言において、もっとも大事なのは次の一文です。

遺言者は、別紙目録記載以外の財産の一切を、○○○○に相続させる。

これはいかなる遺言にも必ず書いておくべきです。これが書かれていないと、想定外の遺産が出てきたときに必ずトラブルになるからです。

遺言サンプル①

配偶者・子ども3人の場合の「遺言」例

もっとも一般的な遺言のサンプルです。3人の子どもに平等に相続させる内容で、比較的「争族」になりにくい例ではありますす。しかし、それでも遺言を書いておくほうがよいでしょう。

遺言者　山田一郎は、次の通り遺言する。

1、遺言者は、以下の財産を、妻山田花子（昭和21年3月1日生）に相続させる。

（1）土地

所在　川崎市○○区○○一丁目

地番　2番3
地目　宅地
地積　132・24平方メー
(2)建物
所在　川崎市○○区○○
家屋番号　2番3
種類　居宅
構造　木造スレート葺2階建て
床面積1階　80・65平方メートル
床面積2階　70・9　メートル
(3)遺言者名義の預金
○○銀行
○○支店　普通　口座　34567
○○銀行
本店　定期　口座番号　1234567
2、○○信用金庫南支店の遺言者名義の
預金（口座番号1234567）は、

不動産はすべて妻が相続

さらに預金の一部も妻が相続

3人の子どもには現金を平等に分割相続

長男健一（昭和45年5月1日生）、次男
裕二（昭和48年6月10日生）、長女和美（昭
和50年7月3日生）に3分の1ずつ相続
させる。
3、その他上記1及び2に記載以外の遺言
者に属する一切の財産を、妻山田花子に
相続させる。
4、遺言執行者として、長女山田和美を指
定する。
5、付言事項
和美には手間をかけますが、相続手続き
など、お母さんを助けてあげてください。
兄弟はなるべく平等にというのが私の考
えです。よろしく頼みます。
令和2年1月2日
川崎市○○区○○一丁目-2-3
山田一郎　印

遺言執行者は信頼できる長女へ

遺言サンプル②

長男と次男で相続の割合が異なる場合の「遺言」例

子の相続割合に差がある遺言を書くと、遺言そのものが「争族」の引き金になりかねません。なぜその割合にしたのか、その理由を付言事項にひとこと書くだけで、将来の状況がまるで変わってくるはずです。

遺言者　山田一郎は、次の通り遺言する。

1、遺言者は、遺言者の有する次の財産を遺言者の長男山田健一（昭和35年5月1日生）に相続させる。

（1）土地
所在／東京都○○市○○町一丁目
地番／2番3
地目／宅地
地積／85・11平方メートル

（2）建物
所在／東京都○○市○○一丁目2番地3
家屋番号／2番3の2　種類／居宅
構造／木造スレート葺2階建て
床面積／1階76・99平方メートル、2階68・02平方メートル

2、遺言者は、遺言者の有する次の預貯金および株式、債券を含むすべての金融資産を、後記遺言執行者にて必要に応じて換価し、その換価金を前記長男山田健一に三分の一、次男山田裕二（昭和

金融資産は次男へ多めに相続

記載以外の遺産は長男へ

38年6月10日生）に三分の二の割合で相続させる。

（1）遺言者名義の預貯金債権

①ゆうちょ銀行○○支店

普通（口座1234567）

②○○銀行　○○支店

普通（口座番号1234567）

（2）遺言者名義の株式

山田株式会社の株式1000株

3、遺言者は前記1、2に記載以外の財産の一切を長男山田健一に相続させる。

4、遺言者は、祖先の祭祀を主催すべき者として、長男山田健一を指定する。

5、遺言者は、遺言執行者として、長男山田健一を指定する。

6、付言事項

長男に手厚くした理由を付言事項に記載

健一には同居して何かとお世話になったので、自宅の土地建物を遺すことにした。裕二には申し訳ないが、以前に住宅資金を贈与したこともあり、預貯金を多めにのこすことで了解してほしい。二人とも、これからも仲のいい兄弟関係を築いてくれるように希望している。

令和2年1月2日

東京都○○市○○町一丁目2番3号

遺言者　山田一郎　㊞

遺言サンプル③

付言事項に遺された家族への想いを書き

付言事項はどんなに長くても長すぎることはありません。これは、実際にあった遺言を少し脚色したものですが、こんなに長い「付言事項」もしばしば見ます。

公正証書遺言ということで少し独特な表記（第〇条など）になっていますが、このあたりの書き方は公証人が教えてくれるでしょう。なお、公正証書遺言はページ数が増えると手数料が増えていきますのでご注意ください。

謄本

平成26年　第１２３４号

本職は、遺言者山田花子の嘱託により後記証人の立ち会いの下に遺言者の口述を筆記してこの証書を作成する

第1条

遺言者は、遺言者の有するすべての財産を長男の山田健一（昭和40年1月29日生）に相続させる。

ただし、前記山田健一が遺言者より先にあるいは遺言者と同時に死亡した場合は、同人に相続される財産はすべて遺言者の養子山田直彦（平成２年５月30日生）に相続させる。

資産家の遺言者が長男にすべての財産を相続すると遺言

なお、同人らは後記の不動産を担保とする借入債務、及び財産の不動産賃貸にかかる預り保証金の返還債務、未払公租公課及び登録免許税を含む登記費用等を負担するものとする。

記

不動産の表示

1．土地

従前の土地の表示

所在　東京都○区○

地番　1234番

地目　畑

地積　502平方メートル

2．建物

所在　さいたま市○区○町1234番地1

家屋番号　1234番1

種類　居宅

構造　木造スレート葺2階建て

床面積　1階　133・46平方メートル

床面積　2階　111・19平方メートル

ただし、遺言者の持ち分の全部（現在の持ち分8分の3）

3．建物

所在　さいたま市○区○町　2222

家屋番号　1番2

種類　共同住宅

構造　軽量鉄骨造スレート葺2階建て

床面積　1階　264・96平方メートル

床面積 2階　264・96平方メートル
ただし、遺言者の持ち分の全部（現在
の持ち分4分の3）

4・土地
所在　さいたま市○区○町一丁目
地番　123番2
地目　宅地
地積　103・69平方メートル
ただし、遺言者の持ち分の全部（現在
の持ち分4分の3）

5・金融資産
次の金融機関に対する預貯金債権、信
託受益権、保護預け中の有価証券及び
その他一切の金融資産を適宜換金・解約
し、第3条記載の費用を控除した残金

の財産
①埼玉○○銀行　○○支店
②東京○○銀行　本店
③○○農業協同組合　○○支店

第2条
遺言者は、本遺言の遺言執行者と
して、前記山田健一を指定する
ただし、前記山田健一が遺言者より先
に又は遺言者と同時に死亡した場合は、
前記養子山田直彦を指定する。
本条で指定した遺言執行者は、単独で
本遺言に必要な一切の行為をする権限
を有し、代理人をして遺言執行をさせ
ることができ、その選任については、同
遺言執行者に一任する。
また、同遺言執行者は相続人の同意を

要しないで、金融機関における遺言者の権利に属する貸金庫を開放し、その内容を取り出して遺言執行すること、及び当該金融機関との貸金庫契約を解約することができる。

第3条

第2条で指定した遺言執行者は、本遺言の執行に際して必要と認めた場合は、本遺言の目的たる財産を必要に応じて適宜換金・解約することができ、また代わり金から下記の費用等を随時支払うことができる。

記

(1)遺言者の未払い公租公課その他の日常家事債務

(2)本遺言執行に要する費用一切

第4条　(付言)

本日ここに遺言を作成しました。

いままで、皆には大変お世話になりました。

私自身、三人姉妹の長女として、両親に厳しく育てられました。私が男に生まれてくればどんなによかったかと思ったこともありました。でも、お父さんがこの山田の家に来てくれて、そして皆が生まれてきてくれたおかげで、本当に楽しい日々を過ごすことができました。

そんな皆が今は、立派にそれぞれの家庭を築き、孫たちにも恵まれ、私は本当に幸せだと感じています。

私が最後に遺言を書いた理由について、話し

付言事項に、家族への思いや財産分割の理由、先祖代々続く家督への思いを長文で綴っています

ておきますね。

実は、お父さんが元気なうちに、二人で一緒に書いていたのです。でも、お父さんが死んだとき、お父さんの遺言を使うことはせず、みんなで分け方を決めたことを思い出してください。

お父さんは山田の家に来てから、「山田の家に迷惑はかけられない」といつも言ってくれていました。そんなお父さん だからこそ、日ごろから贅沢せず、娘のあなたたちにも、世間様以上のものを遺してあげることができたのです。

健一には負担をかけて申し訳なかったね。

この山田の家は、先祖より今まで続いています。また、これからも続いてほしい。

でも、最近は相続で揉めてしまい、本家・分家なく途絶えてしまうこともあると聞いています。でも、お父さんも私もそのようなことは望んでいません。

だからこそ、お父さんと私の気持ちをこの遺言に遺しました。

土地を遺すということは、考えるほど簡単なものではないのです。それもお父さんがいなくなってからは、健一が守ってくれたから助かりました。長男だから当たり前ではないんだよ。守るのは、自分のところの土地だけじゃありません。

氏神様をはじめ、ご近所との付き合い、お墓、すべてを共に守ってもらわなければなりません。それをこれからは健一にお願いしようと
お父さんと決めていました。

私が山田を継いだときは、家督相続といって、今とは全く異なる相続でした。でも、時代

が変わり、この遺言をしておかないと、却って皆に迷惑をかけてしまう。仲の良かった、楽しかった兄妹たちが失われてしまうと思い、気持ちを綴りました。お父さんも同じ気持ちだからね。

私は、山田を親より継いで、健一や直彦へ継いでいかなければならないのです。山田の名やご先祖の墓だけではなく、財産を継ぐ役目を負っているのです。

皆が寄り添える本家がなくなることがあったら、お父さんはもちろん、私も目を閉じることなんかできないことを理解してください。

これがお父さんと私が、あなたたちのおじいさんやおばあさんから教わっていた山田の家の継ぎ方なんだから。

娘たちへ
娘のあなたたちには、何もしてあげられない母をどうか許してください。私がいないからといって、健一にわがままを言わないでくださいね。ただ、嫁に出したとはいえ、お父さんと私にとって可愛い娘であることに変わりありません。お父さんほどではないにせよ、私にできる範囲で、お父さんには内緒で保険を用意しておいたから、それぞれが使ってくださいね。本当に少しだから、文句言わないでおくれ。

和子へ
あなたは、いつも実家のこと、老いた私のことを考えていてくれて、ほんとうにありがとう、感謝しています。

紀子へ
何ごとも兄妹といままでどおり、仲良くやってください。いつもありがとう。
京子へ
京子も私を気遣ってくれて、よく電話をしてくれましたね。本当にありがとう。感謝しています。
礼子へ
遠いのによく電話をかけてくれてありがとう。私の体を気遣ってくれて、本当にありがとう。
いざ紙に書くとなると、なんだか気後れしてしまって、感謝の気持ちを表したいのに、不十分に見えるかもしれないけど、許しておくれ。女どうし、わかってくれるよね。
直彦へ
今まで、本当にありがとう。孫はかわいいというけれど、本当だね。また、あなたは健一の優しいところを継いでくれたね。いろいろ世話をかけました。病院へ行くのも嫌な顔ひとつせず、いつも連れて行ってくれて、ありがとう。
今度は私とおじいちゃんがちゃんと見守ってあげるからね。がんばるんだよ。
孫たちへ
みんなのお母さんの実家はここだから、遠くないんだよ。いつでも遊びにきてくれていいんだよ。

家を継ぐ長男への思いを綴っています

健一へ
あなたが長男として無事生まれてくれたとき、私はどんなにうれしかったことか。もちろん、母は当たり前のようにふるまっていたけれどあなたを抱き上げたときの笑顔は忘れもしないよ。

この相続は、山田の家のこととして、妹たちと一緒に、男らしく始末をつけてくださいね。山田の家をしっかり守っていってくださいね。母と、今は亡きお父さんの最後のお願いです。

母より

本旨外要件
埼玉県さいたま市○区○町1111番地
職業　不動産賃貸業
遺言者　山田花子
昭和6年1月2日生

亡き父親の遺言を発見？ でも「絶対に」勝手に開けてはいけません！

「自筆証書遺言」の封を勝手に開けてしまうと5万円以下の過料を科せられることがあるので、遺言が見つかったら必ず家庭裁判所に「検認」の申し立てをしましょう。

1　検認の申し立て

「自筆証書遺言」が見つかったら、市区町村役場で遺言者の出生から死亡までの戸籍（除籍、改製原戸籍）謄本と法定相続人全員の戸籍謄本を取得し、裁判所のホームページから検認申立書をダウンロードして記入し、家庭裁判所へ提出します。なお、上記の取得しなければならない戸籍謄本については、誰が相続人になるかによって変わってきますので、都度専門家または裁判所に相談等されることをおすすめいたします。

2　家庭裁判所からの通知

検認の日時が確定すると家庭裁判所から相続人全員の住所へ検認日の案内が郵送されます

3　検認

遺言を持参して家庭裁判所へ行き、検認手続きをします。申立人（遺言を発見し保管している人）がいれば相続人はいなくても手続き可能です。

4　検認済み証明書の申請

遺言執行には検認済証明書が必要なので、家庭裁判所に申請してください。

Q&A方式でわかる
意中の相手に財産を遺す
ための㊙裏ワザ

「争族」を避ける一番大事な対策は「遺言を書く」ことですが、
近年制定された新たな制度や生命保険などを組み合わせることで、
より効果的な対策ができることもあります。
ここでは私が相談を受けたいくつかの事例の中から、
さまざまなテクニックを使うことで
「争族」を未然に防ぐことに成功したケースをご紹介します。

ケース①

Q ろくでなしの長男に財産を遺したくない

私には子どもが2人います。今までさんざん家族に迷惑をかけてきた長男には最低限のお金だけを渡し、残りの全財産を長女に渡したいと考えていますが、そのようなことは可能ですか？　ちなみに不動産は一次相続の際に手放したので、いっさい持っていません。

A 生命保険を活用する

このようなケースでは、生命保険を活用するとよいでしょう。

なぜなら、生命保険は、保険の選択さえ間違えなければ相続財産とみなされないからです。

たとえば、受取人に長女を指定しておけば、長男に横やりを入れられることなく確実に長女に財産を渡すことができるのです。

生命保険は特定の相続人に確実に財産を遺すことができる手法で「争族」対策の特効薬となり得ます。生命保険というと人によっては毛嫌いされる方もいらっしゃいますが、私は相続を考えておられる、すべての方に生命保険を活用していただきたいと考えているくらいです。

少なくとも生命保険金の非課税枠である「500万円×法定相続人数分」の死亡保険金はご準備すべきと言えるでしょう。

ケース②

Q 前妻の息子に財産を遺したいが、後妻にも迷惑をかけたくない

私は以前に協議離婚したことがあり、かわいがっていた息子と離れ離れになってしまいました。そしてその5年後、いまの妻と再婚しました。

自分が亡くなった後、いま住んでいる土地を息子に相続させたいと考えていますが、そうすると自宅に住んでいる妻が追い出されてしまうと思います。

さすがにそれは避けたいのですが、いったいどうすればよいでしょうか。

A 配偶者居住権を活用する

2020年4月より施行される「配偶者居住権」の制度を利用できます。

配偶者居住権とは、簡単にいうと「遺された配偶者が自宅に住み続ける権利（居住権）と、自宅の土地を所有する権利（所有権）を子どもなどの相続人に分割して与えられるようにする」というものです。

たとえば、子ども2人がいる家族で父親が4000万円の自宅と2000万円の現金を遺してなくなったとき、法定相続分は、妻が2分の1（3000万円）で、残り2分の1を子ども2人でその半分（1500万円）ずつになります。しかし、子どもたちに3000万円を渡そうとして

も現金がありません。かといって自宅を売却すると、妻が住む場所を失ってしまいます。このような場合、子どもたちに土地の所有権を分割して相続させ、妻に居住権のみを与えることができるのです。

この質問のケースでも、遺言の中で「後妻には配偶者居住権を、前妻の息子には土地の所有権を分割して相続させる」と指示することで、問題は解決するでしょう。

ケース③

Q 介護をしてくれた嫁にも財産を遺したい

私は妻に先立たれたあと、三度の食事の支度から炊事洗たく、病院への送り迎えまで、すべて長男の嫁に頼るようになりました。頼りにならない長男と、何かにつけてお金を無心に来る長女に愛想をつかしているので、できれば長男の嫁にも財産を遺してやりたいです。そのようなことは可能でしょうか。

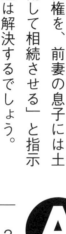

A やはり生命保険がベスト

２０１９年7月から、法定相続人ではない「特別寄与者」にも相続の権利が認められるようになりました。

この制度は、被相続人に対する無償の療養介護などの労務があった場合に、「特別寄与料」として財産を渡せる権利を認めたものです。相続について少し勉強している人なら、この制度を使えばよいと思われるかもしれません。確かに、介護の労に報いるという意味では良いのですが、実は「争族」を避けるという意味では少々問題があります。なぜなら、せっかく認められた「特別寄与料」が、相続当事者間で合意できない場合、金額の目安として「療養介護の日当分 × 日数」で算出されてしまうからです。

これではさほど大きな金額にはならない上に、他の相続人には「家族で分けるべき遺産を嫁に取られた」という意識を持たれてしまい、かえって「争族」の火種になる可能性まで出てきます。

他には、財産を遺す裏ワザ的な手段として、「嫁を養子に入れて法定相続人にする」という方法もあります。しかしこの方法で大きな財産を相続させてしまうと、他の相続人の反感がより大きくなり、さらなる「争族」に発展するおそれがあります。

したがって、やはりこのような場合でも、「ケース①」で紹介したように、生命保険を活用する方法がベストだと思います。

Q ケース④

婿養子に事業を承継させたい

私は経営者で、いずれは娘婿に事業を承継してもらいたいと考え、そのために娘婿と養子縁組をしました。しかし、万が一自分が認知症になってしまった場合、確実に資産管理を娘婿に全権委任できるのか不安です。

A 任意後見制度を活用する

「任意後見」という、成年後見制度の一種を利用する手があります。

成年後見というと「判断能力が鈍った親に付ける後見人」のイメージがあるかもしれません。しかし、成年後見には、判断能力が鈍る前に利用する「任意後見」という仕組みも用意されているのです。通常の成年後見制度とは「意思能力が鈍るまで発動されない」ところが最大の違いです。この任意後見契約を作成しておくことで、「本人がしっかりしている間はこれまで通り仕事を進め、万が一認知症になってしまったら、そこで娘婿に全権委任する」という契約を交わすことが可能になります。

任意後見は法定後見とは異なり、事前に契約の中身を取り決めておけば、生前贈与も可能になるなど、財産の処分運用に関して自由度が高いという特徴があります（法定後見では、生前贈与は原則不可であり、財産の処分運用に関して大きな制限が加えられます）。

また、親族を後見人に指定できるので（任意後見監督人という第三者が付きますが）法定後見よりも家族の抵抗感が少ないこともメリットといえます。

しかも本人が元気なうちであれば、後見人は後で変更も可能です。こうした柔軟性が高い点も任意後見制度のメリットといえます。

「争族」を避けるための専門家の選び方

相続というのは、人生で何度も経験することではありませんし、財産額や遺言のあるなしで条件が変わってしまうため、他の家族の事例をそのまま当てはめて考えることができません。また、法律や税金が関わってきますから、素人だけですべての手続きを行うことは、ほぼ不可能です。

法律に関わる専門家というと、税理士、弁護士、司法書士が思い浮かびますが、相続について相談するなら、いったい誰に依頼するのがベストでしょうか。

例えば税理士の場合、大半は企業の会計業務が主な仕事であり、相続を専門とされている人はごく少数です。

第1部「あるある7」（86ページ）でも触れましたが、税理士1人当たりの相続処理件数は、1年に1～2件しかない計算になります。つまり、相続に通じている税理士は意外とレアなのです。一般的には民法などに詳しいわけではないので、いざ「争族」が起きてしまうと対応できないでしょう。

一方、弁護士は法律の専門家ですから遺産分割協議などに関しては強みを発揮しますが、節税対策などに詳しいわけではありません。

第1部「あるある2」（30ページ）でも登場しましたが、無法上等でトラブルを起こす身内がいた場合、本気で民事訴訟を起こす気でもなければ、けっきょく弁護士の手にも余ります。突き詰めれば「争族」は法律やルールの問題ではなく、感情の問題なのですから。

司法書士は、あくまで申請手続きの代行とアドバイスをもらえる人。「争族」についてはほぼ無力です。

「争族」を避けるには、事前にもめ事が起きそうなリスクを洗い出し、それを防ぐために有効な遺言を作成し、法制度や金融商品などをうまく組み合わせて対策する必要があります。

そう考えると、相談する相手は「争族」の現場を数多く経験していて、遺言の作成方法から税法、民法もわかっている、そして信頼できる税理士や弁護士とのパイプを持っている「相続の専門家」がベストだと、私は考えます。

こうした相続の専門家は確かにいます。しかし、統一された呼び方が確立されていないため、探し方にはコツがいるでしょう。インターネットで調べる際には「相続コンサルタント」「相続終活専門士」といった名称で検索をかけるとよいかもしれません。

ただし、こういう人たちの中には、肩書きだけが立派で中身がない人が紛れ込んでいることも否定できません。

したがって、相談相手を探す際には、過去の実績をチェックすることで、信用できる専門家かどうかを見極めるとよいでしょう。

第3部

いざというときに困らないための相続関連用語辞典

相続に使われる専門用語は、耳慣れない言葉が多いもの。
これらの基本的な意味を知っていれば、いざというときも安心です。
そこで、相続で比較的よく使われる言葉を厳選し、
簡単な辞典としてまとめました。

〈ア行〉

【遺言（いごん）】

一般的には「ゆいごん」と読まれることも多いですが、法律上は「いごん」と読みます。被相続人の最終の意思表示のことであり、自分の死後に生じる財産の処分等を法律上認められている範囲内において、自身の意に沿った形で相続人に配分することが可能です。また、遺言を作成することにより、相続人間での争い（いわゆる争族）を予防または軽減させることができる方法でもあります。

【遺言代用信託】

委託者が生存中の当初は、自らを受益者として信託契約の効力を発生させ、委託者が死亡した時に、指定した者（特定の相続人等）に、信託の受益権を承継させるというものです。遺言と同等かもしくはそれ以上の効果が期待できる信託スキームです。遺言では日付が新しいものが有効となるために遺言の乱発になる恐れがあります。一方、遺言代用信託の場合はその信託財産は受託者名義に移転するために、あたかも財産を担保に入れて遺言を書くような効果があり、遺言の乱発や偽造などを防げます。

【遺産】

相続財産のこと。相続が開始されると、被相続人に帰属していた一切の権利義務が、相続人に包括的に承継されます。この相続によって相続人に承継される権利義務の一切のことを「遺産」もしくは相続財産と呼びます。相続財産は、形のある財産に限らず、被相続人が有していたある特定の地位なども含まれます。ただし、被相続人の一身に専属していた権利義務や生命保険の死亡保険金（契約内容を精査する必要あり）等は含まれません。

【遺産分割協議】

遺産相続財産についてどのように分けるのかを取り決めることを指します。遺産分割の手続きとしては、遺産分割の「協議」「調停」「審判」の３つがあり、協議は裁判外において相続人間で話し合って取り決める手続き、調停や審判は、家庭裁判所における手続きです。遺産分割協議で遺産分割をすることを「協議分割」といいます。

【遺産分割審判】

遺産分割審判は、家庭裁判所の裁判（家事審判）手続きです。協議や調停と異なり、家庭裁判所の裁判官が、審判という決定をもって、遺産分割方法を決めるという手続き。遺産分割審判で遺産分割をすることを「審判分割」と呼びます。

【遺産分割調停】

家庭裁判所によって選任された調停委員を間に入れて、相続人間で話し合いをする手続き。調停の場合には、まったくの第三者である調停委員が間に入って話を進めていくことになります。

【遺贈】

法定相続人以外に相続財産を承継させること。

【遺留分】

民法上、法定相続人（兄弟姉妹を除く）に対して、遺言によっても侵し得ない相続財産に対する最低限度の取り分のことを指します。

【遺留分侵害額請求】

遺留分を有する相続人が、被相続人による生前の財産処分や相続によって、その遺留分を侵害するほど相続財産を取得している者に対して、遺留分に当たる部分を渡すように請求すること。

【遺留分放棄】

相続開始前（被相続人の生存中）における遺留分の放棄は、家庭裁判所の許可を得なければできず、遺留分権利者であっても相続開始前には自由に遺留分の放棄は行えません。もっとも、遺留分の放棄はあくまで遺留分を放棄しただけであって、相続放棄をしたわけではありません。

【姻族（いんぞく）】

姻族とは、一方の配偶者と、他方の配偶者の血族との間の関係のことをいいます。例えば、妻と夫の父母などは姻族となります。

〈カ行〉

【家族法（相続法）】

家族法や相続法というのは、あくまで民法の一部です。民法のなかの、遺産相続に関する規定の部分を「相続法」といいます。

【換価分割】

不動産や動産を売ってその代金を、相続人それぞれの相続分に応じて分配します。

【寄与分】

寄与分とは、相続財産の増殖に貢献した相続人の相続分については、他のそうでない相続人よりも優遇しようという制度です。代表的なものとしては被相続人が事業を行っている場合に、その事業に関して労務を提供、つまりは事業を手伝って、被相続人の財産の維持や増加に貢献した場合です。また、被相続人が病気などになってしまった場合に、その療養看護をしてあげたことによって、被相続人の財産の維持や増加に貢献した場合も、やはり寄与分が認められることになります。

【血族】

血族とは、血縁関係にある人のことをいい、一般的にいわれる「血縁者」のことを指しています。なお、養子など生物学的に血縁関係にない血族 を法定血族と呼びます。

【限定承認】

相続人が、相続の意思表示をすることを、「相続の承認」と呼びます。この相続の承認には、単純承認と限定承認があります。限定承認とは、「相続によって得た財産の限度においてのみ被相続人の債務及び負債を弁済すべきことを留保して」相続の承認をすることをいいます。「相続財産のうち負債等を弁済してもなお余りがあれば、相続する」という留保を付けるということです。

【検認】

家庭裁判所が、偽造・変造・隠匿を防ぐため、遺言の存在および形式について調査する手続きのことを指します。公正証書遺言の場合は、偽造等のおそれがないため、検認は不要です。

【公証役場】

公正証書の作成や、私文書の認証、確定日付の付与などを行う官公庁所管は法務局で、公証人が執務しています。

【公正証書遺言】

公正証書遺言とは、原案は遺言者が考え、公証人が作成する遺言です。2人以上の証人の立ち会いのもとに、遺言者が公証人に対して遺言の内容を口授し、公証人がそれを筆記して遺言を作成し、遺言者と証人がその筆記を確認してそれが正しいことを確認して承認した上で 各自署名押印し、公証人が法律に従って作成した旨を記述して署名押印するという遺言作成の方式です。

【個別分割】

相続財産として複数の不動産等がある場合、「特定の不動産はある相続人に」、「預貯金は別の相続人に」というように個別の財産の全部を承継させることによって解決を図る方法です。

〈サ行〉

【死後認知】

結婚していない男女の間に生まれた子を男性が認知しないまま死亡した場合、父子関係を成立させるための制度です。

【自筆証書遺言】

遺言者が、作成した遺言の全文、日付および氏名を自書し、押印することによって作成する遺言です。なお、令和2年7月10日に施行される「法務局における遺言の保管等に関する法律」によって、自筆証書遺言を法務局で保管してもらうことが可能になります。この制度を利用すれば、自筆証書の紛失リスクもなくなり、検認も不要となります。

【受益権分離型信託】

所有権のままでは権利を切り分けて承継することはできません。しかしながら、財産を信託し信託受益権化することにより権利の切り分けを実現することが可能になります。例えば「信託財産から10

年間発生するであろう果実を親」に、信託終了後に「信託財産そのものを受け取る権利を子供」に、と分けるようなことが可能となります。このように一つの財産を収益受益権と元本受益権を分けることにより、柔軟な財産承継が可能となります。

【受益者連続型信託】

遺言では一代先への財産の承継についての指定はできるものの、その先（つまり二代先）への財産の承継ができません。「後継ぎ遺贈」の有効性が分かれるゆえんですが、この「後継ぎ遺贈」を可能にするものが受益者連続型信託です。民法で判断が分かれる「二次相続以降の財産承継者の指定」、いわゆる「後継ぎ遺贈」を実質的に可能にするこのスキームは、事業の後継者確保、残される配偶者その他の親族の生活保障、障害の出る子の生活保障、子のない夫婦の財産承継、先祖代々の資産の承継者確保など非常に有効な手法と言えそうです。

【親族】

一般的には、親戚の方全般を指すものとして使われていますが、法律上は、6親等内の血族・配偶者・3親等内の姻族のことを指しています。

【推定相続人の廃除】

被相続人に対して虐待、重大な侮辱その他著しい非行をした場合、被相続人の意思に基づいて、その推定相続人から相続資格を奪うという制度です。

【親等（しんとう）】

親族関係の遠近を表す単位。最も近い関係にある親族の場合は1親等、その次が2親等、以下3親等……と続いていきます。兄弟姉妹は1親等と考えてしまいがちですが、実際には2親等なので注意しましょう。

【生命保険金（死亡退職金）】

たとえば、生命保険金や死亡退職金などは、受取人固有の財産のため、相続財産に含まれないと考えられていますので、遺産分割対象財産に含まれないのが原則になります。しかし、これら生命保険金や死亡退職金についても、相続人間で遺産分割の対象とするという合意がなされれば、遺産分割の対象とすることが可能です。

【相続開始地】

民法では「相続は、被相続人の住所において開始する。」とされています。通常は、被相続人の方の最後の住所地であり、住民票上の住所が被相続人の住所となります。また、住民票上の住所とは違うところに住んでおり、そちらの方で亡くなったという場合には、そこが住所ということになります。

【相続税評価】

相続税の税額を計算するもとになる相続財産の価格のこと。評価方法は国税庁が出している財産評価基本通達によって評価をすることが決められて います。

【相続人】

遺産相続において、被相続人が遺した相続財産を受け継ぐことになる立場の人のことをいいます。「子」がいるときは「子」が、「子」がいないときは「直系尊属」が、「直系尊属」がいないときは「兄弟姉妹」が相続人となります。また、配偶者は必ず相続人となります。

【相続放棄】

相続人が「相続しない」という意思表示をすることです。相続放棄をすると、はじめから相続人ではなかったものとみなされ、被相続人の負債も含め、相続財産を受け継がなくてよくなります。

【贈与】

当事者（贈与者）の一方が、自己の財産を無償で相手方（受贈者）に与えることを内容とする契約。

【尊属】

自分よりも前の世代に属する血族のことをいいます。具体的には、父母、おじおば、祖父母、などが尊属です。

〈タ行〉

【代襲相続】

相続人になる子どもが相続の時に死亡している場合や一定の理由で相続人になれない場合は、相続人の子ども（被相続人の孫）が親に代わって相続することを言います。ただし、一定の要件を満たした場合にのみ認められるのでご注意ください。

【代償分割】

ある相続人が不動産の所有権を単独で取得するなどした場合に、その他の相続人に対しては、それぞれの持ち分に応じた金銭を支払うという分割方法です。

不動産を共有することを相続人が望まない場合に取る方法です。

【単純承認】

何の留保もつけずに相続するという意思表示をすること。原則どおりに相続することを受け入れるということを指します。単純承認をするとその単純承認をした相続人は、被相続人の一切の権利義務を「無限に」承継することになりますので、プラスの財産（資産）だけでなく、マイナスの財産（負債）も、すべてそのまま受け継ぐことになります。また、単純承認をする場合には、相続放棄や限定承認の場合と異なり、特別な手続きをとる必要がありません。放っておいても、相続開始を知った時から3か月が経過すれば、自動的に単純承認をしたものとみなされます。

【嫡出子（ちゃくしゅつし）】

嫡出子とは、法律上の婚姻関係にある夫婦間において出生した子のことをいいます。ただし、養子は実際には夫婦間で出生した子ではありませんが、嫡出子となります。他方、非嫡出子とは、嫡出子でない子のことをいいます。

【特定居住用宅地等の特例】

「特定居住用宅地等」とは、小規模宅地などの特例の一つで、被相続人が居住していた家屋の敷地について、一定額の減額をしてもよいという特例。

【特別受益】

遺贈があった場合や相続財産の一部を事前に受け取っていたといえるような相続人がいる場合、その事前に受け取った財産や利益も考慮した上で、相続分を決定しようという制度のことです。相続人でない者に対する遺贈や贈与は、特別受益の対象とはなりません。

〈ハ行〉

【配偶者控除】

配偶者については、一定の要件をみたす限り、取得する財産の割合が法定相続分以内であれば相続税を課税されないほか、法定相続分を超えても1億6000万円までは相続税を課税されない。一方で、相続税の申告は必要であり、申告せずにこの控除を受けることはできません。

【被相続人】

相続財産を遺して亡くなった方のことを「被相続人」といいます。他方、相続財産を受け継ぐ側の人は「相続人」と呼ばれます。

【卑属（ひぞく）】

自分よりも後の世代に属する血族のこと。子、甥姪《おいめい》、孫、曽孫《ひまご》などです。この卑属のうち、子は第1順位の法定相続人です。

【付言事項（ふげんじこう）】

遺言で付言する法律に定められていない事項のことをいいます（法定外事項）。法律に定められた事項（法定遺言事項）についてされた遺言は 法的な効力を有しますが、付言事項については法的な効力を生じません。しかし、法的に効力をもたなくても、相続人らに残す言葉を付加することで、相続人間での争いを防止する効果が期待できます。財産をあまり相続してもらえなかった人に「その理由」を記すことは重要です。

【秘密証書遺言】

遺言作成の方式のひとつです。秘密証書遺言は、その遺言の内容を一切秘密にできることにメリットがあります。公正証書遺言と同様に、公証役場で公証人や証人が関与しなければなりませんが、公証人や証人に対して提出されるのは、すでに封をされている 状態ですので、遺言そのものは公証人や証人も見ることができません。

【法定相続人】

遺産相続において ,法律上、被相続人が遺した相続財産を受け継ぐことになる立場の人のことをいいます。相続人（法定相続人）となるのは、民法上、「子」「直系尊属」「兄弟姉妹」「配偶者」と定められています。配偶者は常に相続人となりますが、それ以外の立場については順位が定められています。

また、相続人との違いは、法定相続人が相続放棄した人を含むのに対して、相続人は相続放棄した人を除きます。

【法定相続分】

民法に基づいて認められる原則的な相続分のこと。相続税額を算出するときや、相続人同士の話し合いで合意に至らない場合の法律上の目安となります。

遺産相続においては、被相続人の有していた一切の権利義務（相続財産）は、相続人等に分配されることになります。この相続分には、法定相続分と指定相続分に分かれます。法定相続分とは民法に基づいて認められる原則的な相続分のことです。そのため、遺言を作成していなかったり、遺産分割によって法定相続分と異なる相続分を定めていなかったりするなどの場合には、この法定相続分に応じて遺産の分配がなされることになります。

〈マ行〉

【みなし譲渡】

個人が法人に対して資産を贈与または遺贈した場合、もしくは低額譲渡した場合には、時価で譲渡したものとみなして譲渡所得の計算をします。また、個人から資産の贈与、遺贈または低額譲渡を受けた法人は、時価と譲受価額との差額について受贈益として法人税が課されます。

〈ラ行〉

【暦年贈与】

贈与税の課税の方法のひとつで、贈与された金額が１人あたり１１０万円以下なら非課税、１１０万円を超えていたら課税するという制度です。

おわりに

数多くの「争族」の現場を見てきた私は、「もめることなく平穏に相続ができる家族を少しでも増やしたい」という願いから、この本を執筆しました。

私の持つノウハウの一部を盛り込んだつもりですが、やはり最大の「争族」対策は、トラブルが起きる可能性を事前に把握し、適切な遺言を書くこと——これにつきます。

しかし、本文中で何度も書いたとおりですが、亡くなった方の9割は遺言を残していません。「争族」が起きる可能性を予見していないからです。

おそらく、実際に「争族」を起こした家族のうち1割程度は、「ろくでなしの息子などがひょっとしたら相続トラブルを起こすかも……」くらいに漠然と思っているものの、けっきょく何の対策も取らなかった人たちでしょう。

そして残る9割は、「自分が死んだ後、うちの家族がもめることなんてありえない」と思っていた人たちです。

大げさに言っているわけではなく、これが嘘偽りない私の体感なのです。

「争族」が起きる原因は、本当に多種多様です。

いったいどうやって「争族」の可能性を予見すればいいのでしょうか。

そのひとつの方法が、過去に起きた「争族」の事例をたくさん知ることです。

普通に生活しているだけでは、他人の相続トラブルの実情を知ることなんて、まずありえません。しかし、この本に掲載された事例を知ることで、「うちの子どもたちはこのケースに当てはまる」とか「遺言がないとこういうもめ方をするのか」といったことを肌で感じることができるでしょう。

ご自身やご家族に当てはまる部分が見えてくれば、そこで「争族」を予見できます。

ぜひ、この本に掲載したエピソードの中から、ご自分の家族の「争族」の芽を探しだしてください。

それが、あなたたちの家族を将来にわたって幸せにする大きな一歩となるのです。

最後に――この書籍を制作するにあたり、弁護士法人マーキュリー・ジェネラルの坂元先生、税理士の宇野先生や油良先生、司法書士の佐久間先生、信託実務家の小林先生など多くの方のご協力をいただきました。ここに感謝いたします。

一般社団法人相続終活専門協会　代表理事
株式会社アレース・ファミリーオフィス　代表取締役
江幡吉昭

著者
江幡吉昭 えばた・よしあき
一般社団法人相続終活専門協会代表理事／株式会社アレース・ファミリーオフィス代表取締役／株式会社アレース・リアルエステート代表取締役／アレース・ホールディングス株式会社代表取締役

大学卒業後、住友生命保険に入社。その後、英スタンダードチャータード銀行にて最年少シニアマネージャーとして活躍。2009年、経営者層の税務・法務・財務管理・資産運用を行う「アレース・ファミリーオフィス」を設立。以降、4000件以上の相続案件を手がけた「相続のプロ」。数多くの相続争い（争族）を経験するなかで、争族を避けるノウハウを確立。そうした知見を幅広く認知してもらう目的で「一般社団法人相続終活専門協会」を設立し、代表理事に就任。近著に『500m² 以上の広い土地を引き継ぐ人のための得する相続』（アスコム刊）などがある。「日経ビジネス電子版」「現代ビジネス」などのメジャー媒体でも連載を持つ。遺言・相続情報のポータルサイト「遺言相続.com」（https://egonsouzoku.com/）の運営も手がける。

プロが教える
相続でモメないための本

発行日　2019年12月21日　第1刷
発行日　2021年1月18日　第2刷

著者　江幡吉昭

本書プロジェクトチーム
編集統括　柿内尚文
編集担当　池田剛
デザイン　菊池崇＋櫻井淳志（ドットスタジオ）
編集協力　山本誠志、井上隆文
カバー写真　玉川悠己
本文写真　PIXTA
校正　東京出版サービスセンター
DTP　渡辺淳子

営業統括　丸山敏生
営業推進　増尾友裕、藤野茉友、綱脇愛、大原桂子、桐山敦子、矢部愛、寺内未来子
販売促進　池田孝一郎、石井耕平、熊切絵理、菊山清佳、吉村寿美子、矢橋寛子、遠藤真知子、森田真紀、大村かおり、高垣真美、高垣知子
プロモーション　山田美恵、林屋成一郎
講演・マネジメント事業　斎藤和佳、志水公美

編集　小林英史、舘瑞恵、栗田亘、村上芳子、大住兼正、菊地貴広
メディア開発　中山景、中村悟志、長野太介、多湖元毅
管理部　八木宏之、早坂裕子、生越こずえ、名児耶美咲、金井昭彦
マネジメント　坂下毅
発行人　高橋克佳

発行所　株式会社アスコム

〒105-0003
東京都港区西新橋2-23-1　3東洋海事ビル
編集部　TEL：03-5425-6627
営業部　TEL：03-5425-6626　FAX：03-5425-6770

印刷・製本　株式会社光邦

Printed in Japan ISBN 978-4-7762-1067-2